Laurent Lagarde

Goodbye Bégaiement !

Guide de voyage pour les aventuriers du bégaiement

www.goodbye-begaiement.fr

Copyright © Edition 2018 Laurent Lagarde
Tous droits réservés
ISBN : 2953777652
ISBN-13 : 978-2953777659

*A Sandrine, Baptiste, Heïdi et Joanna
Qui m'ont donné le désir et la nécessité d'avancer.*

A mes parents et à ceux de tous les enfants qui bégaient, pour qu'ils sachent que l'histoire finit bien.

CE QUE J'AURAIS VOULU SAVOIR SUR LE BEGAIEMENT

J'aurais voulu savoir qu'il est possible de se libérer du bégaiement. 7

J'aurais voulu savoir que le bégaiement n'est pas une faute, encore moins ma faute... 13

J'aurais voulu savoir que le bégaiement n'est qu'un élément de ma personnalité. 23

J'aurais voulu savoir qu'accepter n'est pas se résigner. ... 27

J'aurais voulu savoir que les autres vivront mon bégaiement comme je le vivrai. 33

J'aurais voulu savoir qu'il faut regarder son bégaiement dans les yeux. 37

J'aurais voulu savoir que parler de son bégaiement est un soulagement. 47

J'aurais voulu savoir que le bégaiement ne résiste pas à l'humour et à l'autodérision ! 63

J'aurais voulu savoir que chaque évitement est une perte de temps et qu'il ne faut jamais reculer devant le bégaiement. 69

J'aurais voulu savoir qu'il n'y a pas besoin d'être bon pour se lancer mais qu'il faut se lancer pour être bon. 79

J'aurais voulu savoir que la plus petite action est préférable à la plus noble des intentions. 85

J'aurais voulu savoir que changer mes pensées pouvait réellement changer ma vie. 95

J'aurais voulu savoir que le mot échec n'existe pas, qu'il n'y a que des résultats qui sont autant d'enseignements et de marches vers le succès. 107

J'aurais voulu savoir qu'il n'y a pas d'obstacles mais des opportunités d'apprendre et de se surprendre. 111

J'aurais voulu savoir que le bégaiement n'est pas un échec et la fluidité n'est pas un succès. 117

J'aurais voulu savoir que « nous sommes ce que nous faisons régulièrement. L'excellence n'est pas une action mais une habitude. » (Aristote) 121

J'aurais voulu savoir que des personnes qui bégaient peuvent devenir d'excellents orateurs. 127

J'aurais voulu savoir qu'on peut faire le métier de ses rêves, être comédien, avocat... ou orthophoniste lorsqu'on bégaie. 155

J'aurais voulu savoir que je n'étais pas seul... Et j'aurais voulu savoir que partir en voyage au pays du bégaiement, c'est ouvrir la porte sur un monde de découvertes et de rencontres exceptionnelles... 167

J'aurais voulu savoir que j'écrirais ces lignes un jour.... 175

J'AURAIS VOULU SAVOIR QU'IL EST POSSIBLE DE SE LIBERER DU BEGAIEMENT.

J'ai commencé à bégayer à l'âge de 6 ans. Mes parents sont allés voir le médecin qui leur a dit : « *ça va passer* ». Et ça n'a pas passé... Le bégaiement s'est installé et j'ai grandi avec lui. Ma mère s'est démenée pour trouver des solutions et j'ai expérimenté beaucoup de choses : l'orthophonie, les traitements médicamenteux, l'acupuncture, l'homéopathie... Elle m'a même emmené en désespoir de cause voir un magnétiseur ! Je me rappelle d'un petit bonhomme bedonnant en costume trois pièces qui balançait son pendule devant mon ventre et posait sa main sur ma gorge pour me transmettre ses bonnes ondes... Cela me fait sourire maintenant mais montre bien l'impuissance et le désarroi vécus par les parents. Jeune adulte, j'ai poursuivi cette recherche désespérée en allant suivre le stage d'un ancien bègue, en essayant la sophrologie ou l'ostéopathie. A l'époque, on se débrouillait comme on pouvait : l'information sur le bégaiement était difficile à trouver, pas toujours accessible et souvent réservée aux professionnels.

J'ai donc continué à faire ma vie en fonction du bégaiement, à lui laisser dicter mes choix : mes plats au restaurant, mes études, mon métier... Au bureau, les tours de table étaient un véritable supplice, le téléphone aussi. Je préférais arpenter les couloirs plutôt que d'appeler quelqu'un. J'ai développé une véritable phobie du bégaiement et je me souviens un jour m'être effondré dans le bureau de mon responsable parce qu'il voulait que je le remplace pour une intervention en public.

Et à quarante ans, alors que je pensais que je ne m'en sortirais jamais, que je paniquais chaque fois que je devais téléphoner, me présenter ou prendre la parole en public, j'ai été sauvé par l'Internet.

Alors que je me sentais seul, incompris et que je ne voyais aucune perspective de guérison, **j'ai soudain découvert les témoignages de personnes qui étaient passées par les mêmes peurs et épreuves que moi et qui expliquaient comment elles s'en étaient sorties !**

J'étais enthousiasmé ! Voilà des gens dont je me sentais proche et qui me donnaient ce qui me manquait : **de l'information, de l'espoir et un mode d'emploi.** J'avais découvert une planète cachée et j'ai eu envie de révéler son existence aux francophones.

C'est ce qui m'a donné l'idée de créer en 2009 le blog **www.goodbye-begaiement.fr** pour partager mon expérience et surtout celles des autres, synthétiser l'information utile **et faire gagner aux personnes qui bégaient le temps que j'avais moi-même perdu** !

Au départ, mon objectif était simple : écrire le blog que j'aurais voulu lire, un joyeux bric-à-brac où dénicher des histoires constructives et positives avec une petite musique rigolote pour alléger l'ambiance et éviter de se prendre trop au sérieux.

Au début, je craignais un peu, je l'avoue, la réaction du « monde » du bégaiement. Je n'avais rien d'autre à proposer que ma bonne volonté, mon histoire sans doute intéressante mais pas forcément universelle et le fruit de mes recherches documentaires. Ma surprise a été à la hauteur de mes craintes.

Tout d'abord, mes collègues blogueurs, Olivier et Alexandre, ont réagi aussitôt en relayant mes premiers articles. Daniel, le webmaster de l'Association Parole Bégaiement, a aussi très rapidement mis un lien sur leur site.

Ensuite, c'est presque incrédule que j'ai vu d'éminents spécialistes comme François Le Huche ou Marie Claude Monfrais-Pfauwadel déposer des commentaires sur mes articles, alimentant ainsi mes thématiques et les éclairant de leur expérience et de leur rigueur scientifique.

Encouragé par ces réactions, je me suis alors tourné vers le monde anglo-saxon et j'ai envoyé un message à la « Stuttering Foundation of America », une institution du bégaiement, sans grand espoir quant à l'intérêt qu'elle me porterait. Je me sentais comme un plongeur amateur proposant à l'équipe Cousteau de participer à leur prochaine expédition sous-marine.... Et là aussi, surprise ! Jane Fraser en personne, la présidente, m'a répondu avec gentillesse et en français (elle a vécu en France). Elle m'a remercié (remercié !) pour mes premières traductions et encouragé à continuer en me donnant les droits de traduction de deux best-sellers américains édités par sa Fondation. Vous ne pouvez pas imaginer la motivation que cela m'a donné.

J'ai continué à prendre contact avec de nombreux anciens bègues ou thérapeutes, qui travaillaient ensemble pour mieux faire connaître le bégaiement et partager des enseignements ou découvertes scientifiques sur ce sujet complexe. Chaque fois, j'étais accueilli à bras ouverts et ces échanges m'ont énormément apporté.

Depuis la création du blog, j'ai beaucoup lu, échangé, écrit et surtout relayé les témoignages de personnes qui s'en étaient sorties. **J'ai pu ainsi montrer qu'il existait des solutions et surtout des gens qui se libéraient de l'emprise du bégaiement** ; loin des déprimants et résignés « *on reste bègue toute sa vie* » et « *chaque bégaiement est unique* ».

Or, dans tout ce que j'ai pu lire, dans tous les échanges que j'ai pu avoir, dans les traductions que j'ai faites, **j'ai découvert qu'il y avait des points communs qui revenaient sans cesse, un état d'esprit et des attitudes gagnantes.**

Depuis sept ans, je partage mes révélations et mes enthousiasmes sur le blog et on m'a souvent demandé d'en faire un livre : vous l'avez aujourd'hui entre les mains et j'en suis à la fois très heureux et très fier.

Vous y trouverez des conseils précieux soufflés par de nombreuses personnes qui bégaient, que ce soit en France ou à l'étranger.

Voici ce que j'aurais voulu savoir lorsque j'avais vingt ans.

Laurent

J'AURAIS VOULU SAVOIR QUE LE BEGAIEMENT N'EST PAS UNE FAUTE, ENCORE MOINS MA FAUTE...

Durant de longues années, j'ai vécu dans la peur du bégaiement.

Pour de nombreuses personnes qui bégaient, la Peur est la Veuve Noire, la Reine des Sorcières, la Matrice, celle qui dirige et alimente tout. Nous sommes prisonniers de ses puissants tentacules qui nous enlacent et nous retiennent. **La peur nous submerge, nous tétanise, nous empêche d'avancer, nous pousse à l'évitement, au repli sur soi.** C'est elle qui fait grossir **la partie immergée de l'iceberg du bégaiement.** Cette métaphore a été trouvée par Joseph Sheehan, un psychologue américain qui a bégayé lui-même et a beaucoup travaillé sur la thérapie du bégaiement. Les comportements de bégaiement visibles, ceux qui sont à la surface, au-dessus de l'eau (les répétitions, les blocages, les substitutions de mots et les efforts physiques déployés pour parler) ne constituent que la pointe de l'iceberg. Les parties les plus importantes, celles qui maintiennent le bégaiement, se cachent dans les profondeurs : la peur, la honte, la culpabilité...

Le livre « *Conseils pour ceux qui bégaient* » a été écrit par **vingt-huit thérapeutes américains du bégaiement ayant eux-mêmes bégayé.** Ils y partagent leur propre expérience du bégaiement, ainsi que celles de leurs nombreux patients. Savez-vous combien de fois le mot « peur » apparaît dans cet ouvrage ? **160** ! Presque à chaque page ! Autant dire que le sujet est incontournable. Voici deux exemples des réflexions des contributeurs.

Margaret Rainey nous explique :

> *Tous les sujets bègues ont en commun deux sentiments très puissants et très inhibants : la Peur et l'Anxiété. C'est là que repose le cœur du problème.* ***Si la peur du bégaiement peut être réduite, alors le bégaiement lui-même peut à coup sûr être réduit.***

J. David Williams abonde dans le même sens :

> *La peur que vous en avez est l'aspect le plus perturbateur et le plus difficile à traiter. En l'absence de cette peur du bégaiement, vous n'auriez pas fait, en vain, tous ces efforts pour le nier, le cacher et éviter sa manifestation. La peur nuit à la pensée rationnelle et au comportement moteur volontaire, dont fait partie la parole. Si votre peur du bégaiement atteint, à quelque moment que ce soit, un niveau critique, il vous sera alors*

impossible de mettre en pratique toute technique volontaire de modification de la parole ; vous bégayerez alors, fort probablement, aussi sévèrement qu'avant.

Ce n'est pas la peur qui est à l'origine première du bégaiement **mais c'est elle qui le maintient et le renforce.** Elle vous plonge dans un cercle vicieux, une spirale négative dont il est difficile de sortir. Ce cercle infernal peut être représenté ainsi :

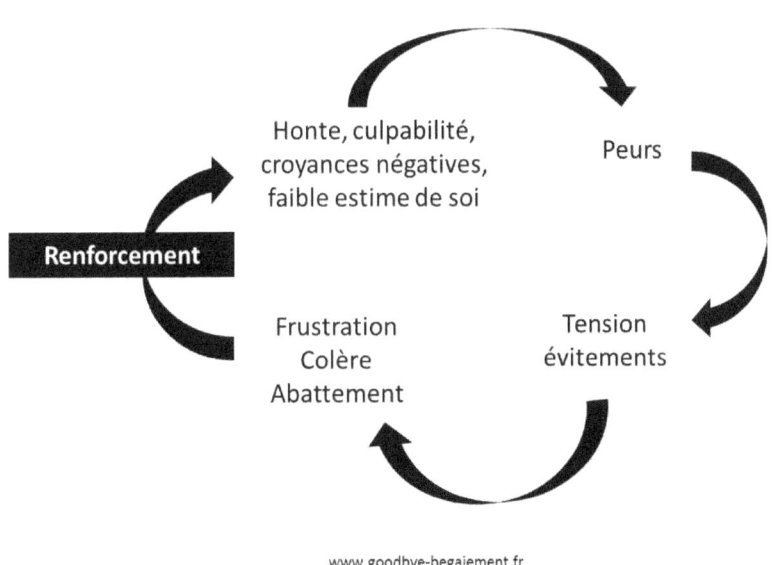

J. David Williams poursuit :

Il est donc évident qu'un de vos principaux objectifs est d'apprendre à contenir cette peur du bégaiement dans *des limites contrôlables. Efforcez-vous de ne plus céder à cette panique aveugle qui s'installait à l'approche d'une situation de parole redoutée. À défaut de pouvoir faire table rase de vos vieilles et trop bien conditionnées réactions de peur, vous pouvez vous exercer à passer outre. **Il est toujours préférable de vous laisser-aller à parler, même si vous bégayez, que de demeurer silencieux par peur de bégayer.** Cela vous donnera un peu plus de courage pour la prochaine fois !*

Très humblement, c'est aussi mon expérience. C'est d'ailleurs le changement le plus notable entre aujourd'hui et il y a dix ans : **la peur a disparu.** Ou plutôt la panique a disparu. Il reste parfois de l'appréhension, et c'est normal, mais la terreur qui me tourmentait avant de décrocher un téléphone s'est envolée. Pour l'expliquer, j'aime utiliser la métaphore de la planche (copyright Emile Coué, il me semble). Si on vous demande de traverser une planche posée à terre, vous allez peut-être faire attention de ne pas marcher à côté mais tout se passera bien. En revanche, si la même planche est posée entre deux immeubles à trente mètres de haut, vous serez beaucoup moins à l'aise et vous refuserez peut-être même de traverser ! Pourtant, vous avez toujours vos deux jambes et elles sont en parfait état de marche... C'est ce qui m'arrivait parfois... C'est ce qui m'arrivait souvent. Mais à présent, j'ai l'impression que la planche est à un mètre de hauteur et que, même si je tombe, je ne me ferai pas bien mal.

En résumé, je n'ai pas complètement dissous le bégaiement mais j'ai dissous la peur. Et ça change tout. J'irai même jusqu'à dire que cela a changé ma vie.

Le bégaiement est un incendie attisé par un vent d'émotions négatives et c'est sur ces émotions qu'il faut d'abord agir pour éteindre le feu. Au début de mon parcours, j'ai ainsi fait une découverte essentielle : ce qui me faisait peur ce n'était pas le bégaiement lui-même **mais le fait que je pensais que c'était grave de bégayer.**

En effet, durant très longtemps, j'ai porté mon bégaiement comme un boulet. Je le vivais comme un échec dont j'étais responsable.

J'ai pu constater que ce sentiment est partagé par de nombreuses personnes qui bégaient. En tant que bègue, vous percevez le bégaiement comme quelque chose de mal, qu'il ne faut pas faire et dont vous êtes responsable et même coupable. Vous avez honte de votre incapacité à parler normalement et vous faites tout pour dissimuler ce bégaiement : vous évitez de prendre la parole, vous remplacez un mot par un autre quand vous pressentez un blocage, vous feignez de chercher un mot ou d'avoir oublié ce que vous vouliez dire... **Tout est préférable pour vous** au bégaiement : passer pour une personne sans conversation, faire des fautes de français ou de liaison...

J'ai eu la chance de travailler avec une psychologue et lorsque je lui ai expliqué que je vivais mon bégaiement comme un échec, elle m'a répondu simplement :

> « Laurent, le bégaiement n'est pas une faute et ce n'est pas ta faute. »

Cela a été pour moi **un déclic**, une véritable révélation ! En comprenant que je n'en étais pas responsable, je me suis rendu compte que j'avais le droit de bégayer, que je pouvais bégayer, que ce n'était pas un drame puisque je n'en étais pas responsable. **Le résultat, c'est que je me suis enlevé la pression énorme qui permettait justement au bégaiement de s'épanouir.** Cette simple phrase a ébranlé mes pensées négatives, ma tension, mes stratégies d'évitement, tout ce qui contribuait à renforcer mon bégaiement.

Cette prise de conscience a également été salutaire pour Sarah, une jeune femme qui bégaie :

> J'ai fini par comprendre que le bégaiement n'est pas quelque chose de mal (comme je l'ai pensé durant de longues années). *Le bégaiement est juste une partie de qui je suis.* Tout comme j'ai les cheveux blonds et les yeux marron. C'est juste comme ça, voilà tout. Pour moi,

l'acceptation du bégaiement c'est m'accepter comme je suis. Je suis une personne qui bégaie. Durant longtemps, j'ai détesté mon bégaiement, et donc, je me détestais. **Je peux dire honnêtement qu'en travaillant sur l'acceptation de mon bégaiement, je m'aime plus et j'ai beaucoup plus confiance en moi. Je sens que je commence à être enfin moi-même.**

Lee Reeves a été président de la National Stuttering Association, la principale association américaine de personnes qui bégaient. Voici ce qu'il écrit sur l'acceptation :

> A travers ma propre expérience du bégaiement, j'en suis arrivé à la conclusion que l'acceptation est un état d'esprit dans lequel nous admettons à la fois extérieurement et intérieurement que notre incapacité à parler avec la spontanéité et la fluidité des autres est réelle mais n'est pas notre faute ou celle de quelqu'un d'autre ; que même si le bégaiement est une partie de ce que nous sommes, **il ne nous définit pas ou ne nous limite pas.**

En vous déchargeant de cette culpabilité, vous allez arrêter d'être obnubilé par le bégaiement et vous allez pouvoir commencer à avancer. Vous allez passer du « *surtout ne pas bégayer* » au **« *je vais peut-être bégayer mais ce*** *n'est pas grave. Je l'assume d'autant mieux que je n'y suis pour rien !* »

Attention ! Je ne suis pas en train de vous inciter à accepter votre bégaiement sans rien faire. Simplement, vous n'en êtes pas responsable et vous n'avez pas à en avoir honte. Il peut être génétique, neurologique, le résultat d'un traumatisme... Mais vous ne faites pas exprès de bégayer ! Cela ne fait pas de vous un être inférieur, moins intelligent ou moins compétent. Les études l'ont démontré et la réalité nous le confirme chaque jour. Il y a des personnes qui bégaient dans tous niveaux d'études et dans toutes les professions.

Le bégaiement ne fait pas de vous un être inférieur mais différent. Et vous n'avez pas à culpabiliser de cette différence.

Morgane est suissesse et fait partie de l'Association Parole Bégaiement. En janvier 2011, elle a donné une interview formidable à la Radio Suisse Romande. Voici ce qu'elle disait sur la différence :

> *C'est la différence qui pose problème mais on est tous différent, on est tous unique. Peut-être que je ne serais pas Morgane si je ne bégayais pas. C'est moi, tout simplement, mon bégaiement c'est moi ! Je vais plutôt remercier le bégaiement d'avoir existé en moi. J'ai pu*

apprendre de ces mauvaises expériences quelque chose de positif. Le bégaiement fait partie de moi, c'est mon caractère, ma qualité.

Dans « *Auto-thérapie pour une personne qui bégaie* », Malcolm Fraser, fondateur de la Stuttering Foundation of America, cite une personne ayant participé à un groupe thérapeutique :

> *Cela m'a pris vingt ans avant d'admettre, autant à moi-même qu'aux autres, que je bégayais, refusant de reconnaître que j'étais différent des autres.* **Pourtant, c'était précisément ce qu'il fallait faire pour pouvoir me forger une nouvelle identité qui me permettrait de m'accomplir.**

Comme le dit John Harrison, auteur de « *Redéfinir le bégaiement* » : « **En d'autres mots, il s'agit de vous montrer tel que vous êtes vraiment.** » Chouette programme, non ?

Bien sûr vous pouvez juger que cette différence est une imperfection et un point à améliorer mais, comme le dit Gary J. Rentschler[1] :

---

[1] Thérapeute américain ayant lui-même bégayé. Il est l'un des auteurs de « Conseils pour ceux qui bégaient ».

> *Nos parents et amis ont des imperfections mais nous parvenons à en faire abstraction pour apprécier, malgré leurs faiblesses, leur amour et leur compagnie. Ce sont **nos imperfections qui font de nous des individus à part entière et qui font que l'on se souvient de nous. Embrasser nos faiblesses, c'est souligner que nous sommes uniques.***

Lorsque vous accepterez cette différence sans honte ni culpabilité, une transformation très importante va alors s'effectuer en vous : **vous allez accepter d'en parler.**

Robert Quesal[2] peut en témoigner :

> *Un individu qui accepte le bégaiement peut en parler avec les autres. Il ou elle voit le bégaiement comme une caractéristique personnelle telle que la taille, les capacités physiques, la couleur de peau, le sens de l'humour, les capacités à rédiger ou lire, et toutes les nombreuses autres choses qui font ce que nous sommes.*

---

[2] Thérapeute américain ayant lui-même bégayé. Il est l'un des auteurs de « Conseils pour ceux qui bégaient ».

J'AURAIS VOULU SAVOIR QUE LE BEGAIEMENT N'EST QU'UN ELEMENT DE MA PERSONNALITE.

Comme le dit Morgane, le bégaiement fait partie de nous, c'est une partie de notre identité... Mais une partie seulement. **Nous ne nous résumons pas à lui et c'est sans doute l'une des principales erreurs que nous faisons : être obnubilés par notre bégaiement jusqu'à le laisser prendre toute la place sur la photo, masquant tout ce qui fait aussi notre richesse et notre unicité.** Beaucoup préfèrent utiliser le terme « personne qui bégaie » plutôt que « bègue » pour souligner justement que nous ne sommes pas que notre bégaiement, que notre définition ne se limite pas à cela.

Je travaille dans une banque et j'ai eu un jour la chance d'avoir un entretien avec mon Directeur Général. Fidèle à ma résolution « parlons-en », je me suis ouvert à lui de l'impact qu'avait eu mon bégaiement sur mes choix de carrière. Voici ce qu'il m'a répondu :

> *- Laurent, pour moi votre bégaiement n'a jamais été un problème, même lorsqu'on le remarquait plus qu'aujourd'hui. C'est plus un problème pour vous que pour les autres. Ce n'est d'ailleurs pas un problème mais juste*

une caractéristique, c'est tout. Vous vous appelez Laurent, vous avez les yeux verts et vous bégayez. Et je pense même que le bégaiement peut être une force.

- Waouh ! Patron, vous venez de résumer en deux minutes ce que j'ai mis vingt-cinq ans à comprendre !

- C'est pour ça que je suis le patron !

Au final, cette acceptation grandissante de votre différence va peu à peu diffuser ses bienfaits dans tout votre être et transformer votre rapport au monde. Oui, rien que ça ! Et vous savez pourquoi ? **Parce qu'en acceptant, vous vous réconciliez avec vous-même.** En acceptant, vous vous pardonnez, vous vous donnez de l'amour et de l'apaisement qui à leur tour vous donneront sérénité et confiance en vous.

Lorsque vous étiez dans le refus et la colère, vous vous abandonniez à la honte, au désarroi et à la rage qui vous empêchaient d'avancer et d'avoir les idées claires. *Qu'est-ce que j'ai fait pour mériter cela ? Pourquoi des fois je bégaie et d'autres non ? Pourquoi ça ne part pas ?* Le déni, c'est la réaction d'un enfant qui trépigne et se roule par terre. **Si vous tombez malade, votre attitude sera essentielle dans votre guérison.** Vous pouvez râler contre la douleur ou l'incapacité qui vous affecte en vous demandant où vous avez bien pu attraper ça ou qui a pu vous le refiler... Ou bien aller consulter un médecin, trouver quelques conseils utiles sur Internet, prendre des précautions pour éviter que cela se reproduise. Vous voyez la différence ? Vous acceptez que la maladie soit là, sans colère, amertume ou ressentiment mais ce n'est pas pour cela que vous ne faites rien pour la faire disparaître.

L'acceptation vous débarrasse des sentiments d'aigreur ou de colère qui ne vous apportent rien de bon et consomment votre attention et votre énergie. Le temps que vous passez à vous emporter ou à vous plaindre vis à vis de ce satané bégaiement est du temps perdu. Avec l'acceptation, vous faites preuve de maturité et vous partez avec des bases solides et une énergie positive.

Stuttering Jack[3], un blogueur américain, a écrit une réponse magnifique à une jeune fille qui désespérait de surmonter son bégaiement.

> *Tout d'abord, tu dois accepter ce qui est. Tu ne pourras jamais changer sans avoir auparavant profondément et complètement accepté la situation et appris à t'aimer pleinement telle que tu es. Assume la pleine responsabilité de ta situation. Tu n'es pas une victime brassée par les courants de la vie. C'est en ton pouvoir de changer et les réponses qui TE conviendront sont là, autour de toi, attendant d'être découvertes. Tu dois juste partir à leur recherche, et ce sera ce voyage, pas la destination, qui nourrira ton âme.*
>
> *Aime-toi et aime tous ceux à qui tu parles, cela seul t'aidera à éloigner la peur de parler aux autres.*

L'acceptation est essentielle parce qu'elle remplace dans votre cœur la colère, la frustration et la culpabilité par l'apaisement, la dédramatisation et la sérénité. Et, à votre avis, quels seront vos meilleurs compagnons de route pour entreprendre votre voyage vers la liberté de communiquer ?

---

[3] Stutteringjack.com

J'AURAIS VOULU SAVOIR QU'ACCEPTER N'EST PAS SE RESIGNER.

Oui, je sais, vous avez peut-être grincé des dents en lisant le mot « acceptation » dans le chapitre précédent...

En effet, **acceptation** est souvent synonyme de **résignation** et beaucoup de personnes se refusent à envisager ce qui est perçu comme une solution de facilité, une abdication, une solution piteuse pour résoudre son problème de bégaiement.

Je me rappelle notamment du message d'une mère m'expliquant l'incompréhension du papa devant l'attitude de son fils. Ce dernier commençait en effet à oser afficher son bégaiement et à en parler en classe. Désemparé, le père lui avait alors dit : « Ca, ce n'est pas toi. Le bégaiement, il faut le combattre, pas l'accepter ! »

Ce père avait confondu acceptation et résignation. La résignation est une attitude passive. **Se résigner, c'est subir quelque chose qu'on ne peut pas changer.** Celui qui se résigne aimerait bien que les choses se passent différemment mais, se sentant impuissant, il abandonne, il « laisse tomber ». La résignation contient donc deux refus : celui de la réalité et celui de l'action (ce n'est pas de moi, mais impossible de retrouver ma source...). En n'admettant pas, vous perdez votre énergie et votre temps dans des sentiments et des comportements négatifs et totalement inefficaces.

Dans une interview, Denise Desjardins, auteur du livre « *Le bonheur d'être soi-même* », explique également que « *Accepter n'est pas se résigner* ».

Enfant, j'étais déjà en révolte, contre le mode de vie bourgeois de ma famille, contre ses rituels religieux que je trouvais vides de sens et contre ma mère, femme au foyer, qui représentait tout ce que je voulais fuir. Bien plus tard, quand j'ai commencé à travailler avec Swâmi Prajnânpad, à chaque fois que je lui faisais part de mes difficultés, il me répondait : « Acceptez, acceptez. » C'était le mot que je ne supportais pas. Un jour, je lui ai déclaré : « L'acceptation, c'est de la faiblesse, de l'abdication, de la molle résignation, une démission, une défaite. Et surtout, cela empêche toute évolution. Alors arrêtez de me dire d'accepter, je ne le pourrai jamais ! »

> *Il m'a alors expliqué qu'accepter me permettrait de cesser d'être en conflit avec le monde et avec moi-même, et que mes attitudes de refus ne me conduisaient ni à la sérénité ni au bonheur.* **Il a ajouté que l'acceptation bien comprise pouvait être tout à fait dynamique.**

« Dynamique ». Voilà un adjectif essentiel pour comprendre les vertus de l'Acceptation. **En acceptant d'être aujourd'hui une personne qui bégaie, vous n'acceptez pas un état statique, définitif.** C'est juste votre état à cet instant. Vous pourrez passer ensuite à l'état de personne qui travaille sa fluidité jusqu'à l'état de personne qui s'exprime comme elle le souhaite. **C'est juste un point de départ mais il est essentiel pour entamer votre ascension.**

Sur la page Facebook du blog, Bérenger, mon collègue blogueur (www.jebegaie.com), avait défini ainsi l'acceptation :

> *Pour moi « accepter » son bégaiement, c'est arriver à être VERITABLEMENT détaché de tous les aspects négatifs que celui-ci peut avoir, sans pour autant ne rien faire pour le surmonter.* **Accepter son bégaiement, ce n'est pas se résigner, c'est comprendre comment il fonctionne pour mieux vivre avec et mieux le contrôler.**

Lee Reeves, que j'ai cité au chapitre précédent, est sur la même longueur d'onde :

Le concept d'acceptation ne signifie pas que nous sommes destinés à rester dans notre condition ou que nous devons nous en satisfaire. Cela signifie que nous avons atteint un point où nous pouvons prendre des décisions claires par nous-mêmes sans être retenus par le fardeau du passé ou un optimisme aveugle en un avenir qui exaucerait nos vœux d'une parole "parfaite". **La décision de changer la manière dont nous parlons nécessite une prise de risque et nous fera connaître aussi bien les succès que les échecs.** Pourtant, avec l'acceptation comme base, le succès est plus durable et l'échec moins destructeur.

Pour illustrer cette différence essentielle entre acceptation et résignation, je vais prendre une anecdote toute personnelle et qui vous concerne directement puisqu'il s'agit de la rédaction de ce livre. L'acceptation m'a beaucoup aidé pour l'écrire... Si, si... A un moment donné, j'étais complètement submergé par mes multiples notes et je n'arrivais pas à les organiser de manière cohérente. Je voyais confusément où je voulais aller mais je ne parvenais à l'expliquer clairement. J'ai failli tout envoyer valser, j'ai même pensé publier mes notes en vrac en vous disant « *débrouillez-vous avec ça !* » Et puis j'ai eu l'illumination...

J'ai accepté que le sujet était difficile.

J'ai accepté que la solution ne viendrait pas magiquement et que les phrases ne sortiraient pas automatiquement de mon clavier sans travail préalable.

J'ai accepté que je devais mettre en place une stratégie, un plan d'action avec des objectifs intermédiaires pour ne pas me décourager.

J'ai accepté que cela prendrait du temps.

J'ai accepté que ce livre ne serait pas parfait.

A votre avis, me suis-je résigné en acceptant tout cela ? Bien sûr que non ! Si je m'étais résigné, je me serais dit que c'était trop difficile pour moi, que je n'y arriverais jamais et je n'aurais pas persévéré.

Au lieu de cela, j'ai été réellement aidé par l'acceptation des difficultés que je rencontrais et j'ai en plus trouvé une démonstration concrète et simple de ce que je voulais expliquer !

Résultat : j'ai réussi à construire mon ouvrage et je suis à présent très heureux avec mon livre achevé et imparfait !

J'AURAIS VOULU SAVOIR QUE LES AUTRES VIVRONT MON BEGAIEMENT COMME JE LE VIVRAI.

Changer votre manière de voir et de vivre votre bégaiement va avoir un impact bénéfique sur votre état d'esprit mais aussi sur celui des personnes que vous rencontrez.

C'est en effet l'une des étonnantes découvertes que j'ai faites. **La réaction des autres n'était pas liée directement à mon bégaiement mais à la manière dont je le vivais, à l'image que je leur projetais.**

Si je le vivais avec gêne, ils en éprouvaient à leur tour. Au contraire, si je maintenais le contact visuel et leur envoyais des signaux rassurants, cela se passait bien. Les réactions de nos interlocuteurs ne sont que le reflet de nos émotions. Essayez de sourire aujourd'hui à tous ceux que vous croiserez, vous serez surpris…

Voilà pourquoi il est essentiel de se débarrasser de toute honte ou culpabilité. Cela vous permettra d'avancer et aura aussi un impact bénéfique sur votre entourage. Comme Bill

Murphy[4], vous serez surpris de voir l'influence positive qu'aura votre nouvelle manière de vivre votre bégaiement :

> M'efforçant maintenant de parler du bégaiement avec mes amis, je constatai que ce n'était pas le bégaiement qui les gênait mais bien mon embarras et mon évidente incapacité à vouloir en parler ouvertement. Après une période d'apprentissage, j'allais devenir plus habile à parler de disfluences dans des contextes sociaux appropriés. Lorsque je parlais librement du bégaiement, cela mettait mes interlocuteurs à l'aise. Ils me posaient des questions sur le sujet ; les gens se montraient intéressés et non pas incommodés. En choisissant d'admettre le bégaiement, le secret était éventé et j'étais moins tendu et craintif. Plus j'en parlais, moins je ressentais de honte, de culpabilité et d'anxiété. L'exposition délibérée apaise ces émotions.

Peter Ramig[5] évoque aussi combien il est agréable de briser ce tabou, cette « conspiration du silence » :

> Bien sûr, notre famille, nos amis et nos collègues de travail savent tous que nous bégayons mais ils ignorent souvent s'ils doivent maintenir le contact visuel, regarder

---

[4] Thérapeute américain ayant lui-même bégayé. Il est l'un des auteurs de « Conseils pour ceux qui bégaient ».

[5] Idem

ailleurs ou compléter les mots à notre place. Une telle incertitude crée un malaise autant chez nos interlocuteurs que pour nous. **On peut réduire ce malaise et cette incertitude en admettant, ouvertement et de manière pragmatique, que nous bégayons.** On peut dire quelque chose d'aussi simple que : « En passant, je vais profiter de l'occasion pour pratiquer quelques techniques apprises récemment. Ce n'est pas facile, mais je sais que tu comprendras qu'il est important pour moi de pratiquer pendant que nous parlons.

Une telle remarque permet aussi à nos interlocuteurs de poser des questions sur le bégaiement, ce problème si intriguant pour de nombreuses personnes.(...) **Cette divulgation est une stratégie proactive qui nous permet de travailler sur notre bégaiement de manière décontractée et pragmatique. Et parce que nous percevrons notre problème d'une manière plus positive, nous serons plus à l'aise.**

Eh oui ! Contrairement à ce qu'on pourrait croire, assumer ses bégaiements devant les autres n'est pas très difficile. Il suffit de dire les choses simplement et de juste commenter l'évidence, comme l'explique très bien Robert W. Quesal :

> *Supposons par exemple que vous rencontrez quelqu'un pour la première fois, que vous avez engagé la conversation et que vous n'êtes pas aussi fluent que vous le souhaiteriez. Faites un commentaire sur vos difficultés : « Mon bégaiement est plutôt mauvais aujourd'hui. » Ou :*

> « *Veuillez me pardonner, normalement je ne bégaie pas autant lorsque je rencontre des gens pour la première fois.* » C'est ce que mon collègue et ami Bill Murphy appelle « normaliser » le bégaiement. Essayez d'accepter le bégaiement comme faisant partie de vous, comme la couleur de vos cheveux ou de vos yeux, vos capacités athlétiques et toute autre chose qui vous caractérise.

Cette acceptation de votre différence ne se traduira pas seulement dans votre aptitude à parler de votre bégaiement mais aussi dans votre comportement, comme le décrit Joseph Sheehan :

> *La prochaine fois que tu te rendras dans une boutique ou que tu répondras au téléphone, observe jusqu'à quel point tu peux te laisser aller malgré la peur. Vois si tu peux accepter plus calmement les blocages que tu auras afin que ton interlocuteur puisse en faire de même ; dans toutes les autres situations, vois si tu peux t'accepter ouvertement dans le rôle de quelqu'un qui, pour un temps, bégaiera, affrontera des peurs et connaîtra des blocages dans sa parole.* **Surtout, démontre à tout le monde que tu n'as pas l'intention de laisser le bégaiement t'empêcher de profiter de la vie.** *Exprime-toi de toutes les manières possibles et adéquates. Ne laisse surtout pas le bégaiement s'interposer entre toi et l'autre personne.*

J'AURAIS VOULU SAVOIR QU'IL FAUT REGARDER SON BEGAIEMENT DANS LES YEUX.

Il existe une technique simple pour faire fuir ce sentiment de honte et maintenir le lien avec vos interlocuteurs. De nombreuses thérapies « anti-bégaiement » soulignent **l'importance de travailler le contact visuel**. En effet, les personnes qui bégaient ont tendance à détourner le regard lorsqu'elles accrochent ou bloquent sur un mot.

> *Essayez de maintenir le contact visuel avec vos interlocuteurs. Détourner le regard coupe la communication avec votre auditoire et leur signifie que vous avez honte et êtes dégoûté de la manière dont vous parlez. (Gerald R. Moses - Associate Professor of Speech Pathology Eastern Michigan University, Ypsilanti)*

> *Maintenir le contact visuel ne va pas éliminer votre bégaiement mais cela va réduire votre sentiment de timidité et vous permettre de prendre confiance en vous. (Malcolm Fraser)*

Pas besoin de partir en analyse durant cinq ans pour comprendre (vous voyez, je vous fais même faire des économies) : détourner le regard est une manière de se protéger, de ne pas affronter quelque chose que l'on ne veut pas voir. Vous détournez le regard parce que vous vivez votre bégaiement comme quelque chose de « mal », de honteux et que vous ne voulez pas voir la gêne, l'impatience ou la pitié sur le visage de votre interlocuteur.

Le problème, c'est qu'en faisant cela vous obtenez exactement l'effet inverse. Détourner le regard est assimilé à l'embarras et à la honte. Les personnes qui ont du mal à maintenir le contact visuel, et pas seulement celles qui bégaient, paraissent nerveuses, manquant de confiance en elles. Dès lors, elles mettent souvent l'autre personne mal à l'aise. En détournant le regard, vous suscitez donc la gêne de votre interlocuteur en lui signalant que quelque chose ne va pas.

Voici deux exemples montrant comment cela peut déstabiliser votre interlocuteur.

Le premier est le témoignage d'une jeune femme non bègue, trouvé sur un forum :

> Si je suis gênée, ce n'est pas parce que je trouve le bégaiement gênant ou honteux ! C'est parce que celui qui me parle est embarrassé par son bégaiement. En réponse, je regarde ailleurs de la même manière que je détournerais mon regard de quelque chose qui mettrait

mon ami mal à l'aise. C'est la réponse sociale classique « ce n'est rien et d'ailleurs je ne le remarque même pas » (un éternuement par exemple ou une tâche de sauce tomate sur la chemise). A l'inverse, je ne suis pas gênée par le bégaiement de mon patron qui l'assume tout à fait et continue à maintenir le contact visuel même lorsqu'il a un accident de parole.

Le deuxième exemple nous est donné par le thérapeute américain Tim Mackesey. Il explique avoir reçu en consultation un jeune bègue de dix-huit ans et ses parents. Le fils expliquait qu'il détournait le regard lorsqu'il s'adressait à ses parents parce qu'il pensait les gêner lorsqu'il bloquait. Et les parents expliquaient qu'ils détournaient le regard lorsque leur fils bégayait « *pour ne pas lui mettre la pression...* »[6] Sacré cercle vicieux, non ? Et comme par hasard, le jeune homme avait ses blocages les plus sévères lorsqu'il s'adressait à ses parents. En travaillant sur le contact visuel, ils ont enregistré en quelques jours de grands progrès dans leur communication.

Contrairement à ce que croient beaucoup de personnes qui bégaient, la communication ne passe pas seulement par la parole. **Elle est constituée de plusieurs signaux comme**

---

[6] http://www.masteringstuttering.com/there-is-much-more-than-meets-the-eye-contact/

la gestuelle, les expressions du visage et ...le contact visuel. Celui-ci est très important : c'est avec le regard que l'on capte l'attention, c'est lui qui véhicule vos émotions et c'est avec lui que vous vous assurez que l'autre suit et que vous vous adapterez à ses réactions. Le regard sert à maintenir une conversation, à encourager l'autre à s'exprimer, à lui montrer que vous l'écoutez attentivement, à observer le langage du corps,... et à terminer une conversation.

Eh oui ! Si vous fermez les yeux ou détourner le regard, vous coupez purement et simplement la communication ! Pas étonnant, puisque sur les quatre signaux de communication cités plus haut, vous en coupez trois : la parole, le contact visuel et les expressions du visage pour peu que vous détourniez aussi la tête ! Il ne vous reste donc que la gestuelle. Alors, à moins d'exceller en hip hop ou danse du ventre, vous avouerez que c'est un peu juste pour maintenir la relation...

Si vous détournez le regard, il ne restera donc que votre blocage et vous laisserez votre interlocuteur seul, désemparé, ne sachant comment réagir. Au contraire, si vous souriez et maintenez le contact visuel, votre bégaiement passera davantage inaperçu. Si c'est vraiment un gros blocage, vous pouvez rassurer du regard, montrer que cette interruption est momentanée et que vous allez reprendre le contrôle. S'il y a une chose que j'ai apprise du bégaiement, c'est que tout se passe beaucoup mieux si on considère son interlocuteur comme un partenaire plutôt que comme un juge ou un adversaire. En maintenant le contact visuel, vous maintenez ce partenariat et pouvez même initier une complicité en partageant votre moment de blocage.

Le regard est un fil qui vous relie à l'autre. Grâce à lui, vous montrez à votre interlocuteur que la communication continue et que s'il attend juste un moment, les mots vont sortir. Si le contact visuel lui dit que tout va bien, que vous vous sentez bien, il se sentira bien aussi.

Pour faire prendre conscience de cela à ses patients, Tim Mackesey a recours à un exercice simple. Tout d'abord, il dit son prénom en bégayant : « *Je m'appelle T-T-T-T-Tim* » tout en gardant le contact visuel. Ensuite, il redit la même phrase en gardant le contact visuel sur « *Je m'appelle* » et en détournant le regard sur « *T-T-T-T-Tim* ». Il demande ensuite à son patient ce qui l'a mis le plus à l'aise. Invariablement celui-ci répond : « *lorsque vous avez maintenu le contact visuel* ». Et lorsque Tim demande ce qu'ils ont pensé de lui lorsqu'il a détourné le regard, ils répondent « *que vous étiez* apeuré, mal à l'aise ». Vous pouvez le pratiquer avec un proche : vous verrez, c'est édifiant.

Comme le disait Malcolm Fraser :

> *En maintenant le contact visuel, vous démontrez que vous acceptez votre bégaiement comme un problème à résoudre. Lorsque vous détournez le regard, vous vous avouez battu, comme quelqu'un qui ne veut pas qu'on le voit pleurer.*

Regarder votre interlocuteur dans les yeux est donc aussi une manière de regarder votre bégaiement en face et donc de l'accepter. En vous détournant, vous êtes de nouveau dans la fuite, dans le masque et l'évitement, voire dans la défaite. Pas l'idéal pour se booster le moral, vous ne trouvez pas ?

Soutenir le regard est donc un acte positif, une manière de vous affirmer, de garder la tête haute et de renforcer votre confiance.

> *Ce qui fait la valeur du contact visuel, c'est l'effet qu'il produit sur la personne bègue. Cela l'oblige à laisser le bégaiement avancer à travers le mot.* **C'est un comportement d'affirmation et un acte positif. C'est difficile d'abandonner et de reculer si vous maintenez le contact visuel.** *(Harold B Starbuck - Distinguished*

Service Emeritus, Professor Speech Pathology State University College, Geneseo, New York)

Dans *Self Therapy for the Stutterer* (« auto-thérapie pour les personnes qui bégaient »), Malcolm Fraser, fondateur de la Stuttering Foundation of America, préconise les exercices suivants :

- Commencez par vous regarder dans un miroir et simulez un blocage léger. Est-ce que vous détournez les yeux ? Réessayez plusieurs fois en vous assurant que ce n'est pas le cas. Ensuite, faites le même exercice avec un blocage plus important. Si vous voyez que vous ne conservez pas le contact visuel avant et pendant le blocage, exercez-vous jusqu'à ce que vous y arriviez.

- Simulez ensuite quelques appels téléphoniques, toujours en vous regardant dans une glace, en maintenant le contact visuel lors de vos blocages. Regardez-vous jusqu'à ce que vous puissiez parler sans détourner les yeux durant au moins cinq bégaiements. C'est une étape nécessaire et un bon moyen pour vous habituer à supporter le contact visuel.

Vous pouvez aussi avoir recours à la visualisation. Détendez-vous le plus possible et pensez à quelqu'un que vous avez du mal à regarder dans les yeux. Imaginez maintenant que vous lui parlez, que vous le regardez dans les yeux, sans la moindre gêne, que vous ressentez même du plaisir à établir ce contact visuel. Cela vous permettra de vous conditionner de manière positive.

En situation réelle, voici comment procéder :

- **Etablissez le contact visuel avant de commencer à parler.**

> « Deux ou trois secondes de regard tranquille peuvent vous aider à prendre un meilleur départ » (Joseph Sheehan)

- **Le contact visuel doit rester naturel.** Ne fixez pas votre interlocuteur comme si vous vouliez l'hypnotiser, ça le mettrait mal à l'aise. Pas la peine de faire les yeux de Kaa (ne me dites pas que vous n'avez pas vu le livre de la jungle...). Garder le contact visuel, cela ne veut pas dire fixer continuellement l'autre dans les yeux mais plutôt maintenir un équilibre entre regarder dans les yeux de l'autre et regarder ailleurs.

- **Pour rester naturel, votre regard peut se poser alternativement sur différentes parties du visage.** Cela évite d'avoir le regard fixe et halluciné d'un psychopathe.

Vous pouvez aussi regarder de temps en temps sur le côté mais ne baissez jamais les yeux. Cela signifie que vous coupez la communication.

- Si le blocage dure trop longtemps, recourez au petit sourire « *pas de panique, j'arrive...* » pour rassurer votre interlocuteur et dédramatiser la situation.

Comme en toute chose, au fur et à mesure que vous pratiquerez, vous gagnerez en assurance et cela sera plus facile de maintenir naturellement le contact visuel en parlant... et surtout en bégayant.

Si je résume, en maintenant le contact visuel :

- vous **acceptez et vivez mieux votre bégaiement,**

- Vous **renforcez votre confiance en vous, en vous affirmant et en combattant tout sentiment de gêne ou d'infériorité,**

- Vous **renforcez votre communication,**

- Vous **mettez votre interlocuteur à l'aise et vous maintenez la communication.**

Ce serait dommage de s'en priver, non ?

J'AURAIS VOULU SAVOIR QUE PARLER DE SON BEGAIEMENT EST UN SOULAGEMENT.

Dans le magazine de la "Stuttering Foundation" de l'été 2016, John Moore, ex-Directeur Marketing chez Starbucks devenu consultant et conférencier malgré son bégaiement, donne ses conseils pour parler en public. Voici le premier.

Annoncez votre bégaiement. **Ceux qui bégaient savent que le bégaiement survient lorsque vous essayez justement de ne pas bégayer.** *Nous dépensons tellement d'énergie mentale et physique pour ne pas bégayer que cela augmente notre anxiété lorsque nous parlons. Et cela génère du bégaiement. J'ai découvert qu'il était très utile de mentionner mon bégaiement au début de mes présentations.* **Non seulement cela désarme l'auditoire mais me donne aussi, moi le bègue, la liberté de bégayer sans honte.**

John a mille fois raisons ! Arrêtez de cacher votre bégaiement : **exposez-le à la lumière et parlez-en !** Vous serez surpris de l'intérêt et de l'accueil des gens, de leur empathie, de leur admiration et de leurs encouragements.

Ne craignez pas de faire la démarche, vous n'y trouverez que des avantages. J'en vois au moins trois.

1. **Cela change votre croyance sur la manière dont votre parole est perçue par les autres.**

Vous avez peur que cette révélation les gêne ou qu'ils se moquent de vous ? Croyez-moi, c'est exactement l'inverse qui se produit. Lorsque je pratiquais la méthode d'un « ancien bègue » (que j'ai abandonnée depuis), je parlais d'une manière un peu étrange, ce qui ne manquait pas d'intriguer certains de mes interlocuteurs. Quelques fois, j'ai donc pris l'initiative de leur expliquer ce que je faisais. **J'ai été agréablement surpris par les réactions qui étaient toujours positives.** Cela aussi m'a aidé à ne plus assimiler le bégaiement à une honte inavouable.

2. **Cela vous soulage.**

Pourquoi un soulagement ? Parce que vivre en essayant de cacher son bégaiement est épuisant, frustrant. En effet, de nombreux bègues s'évertuent à « masquer » leur bégaiement, avec plus ou moins de succès selon les situations. Ces « bègues masqués » sont souvent plus stressés de devoir continuellement éviter des situations ou trouver des subterfuges pour ne pas être démasqués.

Tim Mackesey est un ancien « bègue masqué » devenu orthophoniste. Il a une image forte pour décrire les conséquences de cette dissimulation constante :

> Durant les 30 premières années de sa vie, **j'avais l'impression d'être un flic infiltré dans la mafia**, vivant dans la crainte continuelle d'être découvert !

Patricia, que j'ai rencontrée à une Journée Mondiale du Bégaiement à Marseille m'expliquait :

> J'étais vraiment fatiguée de vivre sous pression à chaque instant, de ne pas pouvoir employer les mots que je voulais, ne pas vivre normalement aussi bien à l'extérieur que chez moi. Je pense que je me sentais **prisonnière du système que j'avais créé pour m'exprimer**.

Une seule solution alors : faire tomber le masque. En effet, ceux qui ont décidé de crever l'abcès et de parler ouvertement de leur bégaiement sont unanimes : c'est un soulagement.

Patricia, par exemple, dont je viens de parler. Elle a suivi un stage collectif avec une orthophoniste. Au bout de trois jours, elle s'est retrouvée dans la rue, arrêtant les passants pour leur demander de répondre à une enquête sur le bégaiement ! Voici son ressenti :

Je n'en avais jamais parlé à personne et je me retrouvais tout à coup en train d'expliquer à un parfait inconnu que je bégayais ! Quand j'ai terminé mon premier questionnaire, j'avais envie de crier et de sauter dans tous les sens tellement j'étais heureuse !

En affichant votre bégaiement, vous n'avez plus l'impression de fuir ou de vous cacher. Je me souviens de ce témoignage sur le forum parole bégaiement :

Pour moi, le moment-clef a été d'avouer avant un exposé que j'avais un problème de bégaiement. Quel soulagement cela a été de pouvoir dire ces mots !

Lorsque j'ai rencontré ma future épouse, plutôt que de chercher à masquer mon bégaiement pour être « comme les autres », j'ai pris le parti de lui révéler tout de suite. Cela m'a permis d'être moi-même et d'avancer sans la crainte d'être « démasqué ». Et puis, ç'est beaucoup plus original que « vous habitez chez vos parents » ! Aujourd'hui, nous sommes mariés et avons trois adorables enfants.

3. Cela rassure vos interlocuteurs.

Dans mon cas, **on ne comprenait pas forcément que j'étais bègue**, on avait l'impression que j'étais très stressé, que j'avais des tics... Cette révélation était donc également vécue par l'Autre comme un soulagement. Ce n'était « que » ça !

Il faut savoir que, pour beaucoup de gens, le bégaiement est déstabilisant. Ils ne savent pas comment se comporter face à une personne qui bégaie. En parler donne à vos interlocuteurs une opportunité pour poser des questions sur le bégaiement. Cela vous permet aussi de présenter les techniques que vous avez apprises et de les mettre en œuvre de manière totalement libérée.

Et puis rappelez-vous : vous n'en êtes pas responsable ! **Ne l'avouez pas comme une faute.** Le but n'est pas de se faire plaindre. Sincèrement, je pense ne jamais avoir vu de compassion lorsque j'en ai parlé mais plutôt de l'intérêt.

L'incompréhension peut même se transformer en une sorte d' « admiration » sur le fait que vous arrivez « quand même » à surmonter votre bégaiement pour faire des études, avancer dans une carrière, etc.

Cette démarche de transparence est un précieux sésame dans les situations qui nous font peur : les interrogations orales, le téléphone, l'entretien d'embauche…

Aussi est-il important d'en prendre l'habitude très tôt pour en constater l'utilité et les bienfaits. **Ainsi des enfants font des exposés à l'école pour présenter et expliquer leur**

bégaiement. Laure, 11 ans, l'a fait en classe de 6ème et a ensuite témoigné sur le blog :

> *Gonflée d'espoir et de courage, j'ai fait ma matinée habituelle et enfin est arrivé le moment de mon exposé. Anxieuse et excitée à la fois, je suis allée au tableau, Julie à mes trousses. Je me suis dit « GO ! » et j'ai commencé. C'était comme si je dévoilais une partie de mon corps mais ça faisait du bien. A la fin, ils nous ont applaudies. J'étais très contente de ce que j'avais fait et j'espère que ceux qui bégayent feront comme moi et ce que plein d'autres ont fait.*

De l'autre côté de l'estrade, la transparence est aussi une excellente chose. Gilles a 27 ans et enseigne depuis quatre ans. Il a toujours décidé de parler franchement et ouvertement de son problème de parole. Il pense que s'il l'annonce lui-même à ses élèves, ce sera plus difficile ensuite pour eux de l'utiliser contre lui. « *Parce que je suis ouvert et honnête sur le sujet et que je n'en fais pas un grand secret, ils ne peuvent pas me chambrer* » explique-t-il.

Il demande aussi à ses élèves de l'aider :

> *Mon bégaiement se manifeste principalement par des blocages sur certains mots. Lorsque cela survient sur un nouveau mot que je dois expliquer, je l'écris au tableau*

et dis simplement : « *Voilà le mot. Je ne peux pas le dire, donc vous allez devoir m'aider à le sortir.* »

J'insiste lourdement sur cette partie parce que je sais qu'en me lisant vous aurez sans doute une réaction de blocage et des réticences à appliquer ce conseil. Jim McClure[7] était comme vous (et comme moi). Voici ce qu'il en dit maintenant :

> *Cela vous désensibilise, ainsi que votre interlocuteur et, en retour, cela réduit votre tension et vous aide à parler de manière plus fluide. Pour moi, cependant, ça a longtemps été plus facile à dire qu'à faire. Mon frein principal était que, comme la plupart d'entre nous, j'ai grandi dans la croyance que le bégaiement était quelque chose de mal. Même si je suis devenu un expert pour sortir mon bégaiement au grand jour, il y a toujours une petite voix qui hurle dans ma tête : « ES TU DEVENU FOU ? LE BEGAIEMENT, C'EST MAL ! NE FAIS SURTOUT PAS CA ! »*
>
> *Mais maintenant, je fais état de mon bégaiement chaque fois que je suis dans une situation de prise de parole en public. Cela me vaccine, ainsi que mes interlocuteurs. Les gens réagissent souvent avec nervosité au bégaiement parce qu'au début ils ne savent pas ce qui se passe. C'est particulièrement vrai dans mon cas parce que mon bégaiement se manifeste par des blocages*

---

[7] http://www.mnsu.edu/comdis/isad6/papers/advertising6.html

silencieux plutôt que par des répétitions. L'annoncer d'emblée permet à mon auditoire de savoir que si je me fige subitement au milieu d'un mot, il n'y a rien d'anormal : je ne fais que bégayer !

Sur le forum du bégaiement, Alexandre faisait également les mêmes constats :

> *Pour les situations où tu es certain de bégayer, je pense que dire d'emblée que l'on bégaie est vraiment salvateur. Ça permet de se détendre immédiatement et de partir plus en confiance. Tu peux dire une phrase comme : « Je tiens à vous informer que je bégaie un peu en situation de stress ». Le RH te dira immanquablement qu'il n'y a pas matière à stresser et sera plus patient si jamais tu bégaies. Ça permet aussi d'éviter les regards ahuris de l'interlocuteur qui se demande ce qu'il se passe quand tu commences à bégayer.*
>
> *Personnellement, j'ai toujours eu beaucoup de mal à le dire. Mais ça m'a parfois grandement aidé, notamment à ma soutenance de projet de fin d'études devant un public. Le fait de dire que je bégayais m'a complètement déstressé. Du coup, je n'ai quasiment pas bégayé pendant près d'une demi-heure de monologue.*

Lorsque je témoigne dans des réunions publiques sur le bégaiement et que j'explique cette nécessité d'en parler en toute transparence, il y a presque toujours une main qui se lève pour confirmer que cela est très bien perçu par nos interlocuteurs. A l'inverse, personne ne m'a jamais dit que cela s'était mal passé après avoir annoncé son bégaiement. Enfin, si... Une fois. C'était à Nice et un homme m'a interpellé. Il était Juge d'Application des Peines et devait annoncer aux prévenus leur condamnation... Et il ne pensait pas, mais alors pas du tout, qu'annoncer son bégaiement au futur condamné lui faciliterait la tâche...Comme quoi, il y a toujours des exceptions... Mais qui sait ? Peut-être l'a-t-il fait depuis ?

En revanche, beaucoup témoignent de leur regret de ne pas avoir osé annoncer la couleur. C'est notamment le cas de Lieven[8], étudiant en médecine :

> *A la fin de mes études de médecine, il fallait passer un oral auquel assistait un grand nombre d'étudiants. A cette période de ma vie, j'avais élaboré une façon de parler plutôt fluente en présence de mes amis, ils ont donc été très étonnés d'entendre un long silence quand des questions simples m'ont été posées. J'étais complètement bloqué. Le professeur a réagi à mon visage congestionné en suggérant d'appeler les urgences de l'hôpital, augmentant ainsi le comique de la situation. Une courte lettre à cette personne au début de l'année aurait suffi*

---

[8] http://www.mnsu.edu/comdis/isad2/papers/grommen.html

pour éviter cette scène horrible !

Je suis entièrement d'accord avec Lieven. Je me souviens ainsi d'un oral d'anglais que j'avais passé pour un concours d'entrée en école de commerce. Alors que j'étais plutôt bon dans cette matière, je m'étais retrouvé presque incapable de sortir une phrase à l'examinatrice. Elle a pris mes nombreux silences ou répétitions pour des hésitations et un manque de vocabulaire. Bien sûr, j'ai eu une note horrible. Il se trouve que le mari de l'examinatrice était mon professeur d'anglais. Lorsque je lui ai parlé de ma note, je lui ai dit : « *je n'ai pas compris !* », ce à quoi il a répondu « *Elle, non plus !* »

J'avais pourtant vécu la situation exactement inverse pour mon bac de français et j'aurais dû m'en souvenir... Ma mère avait signalé mon bégaiement à l'académie et j'avais eu ainsi droit à trente minutes en plus pour l'épreuve orale. **Ce qui m'a le plus aidé dans cette dispense, c'est que l'examinateur savait que je bégayais.** Cela m'a même tellement libéré qu'il m'a demandé à la fin pourquoi j'avais demandé cette dérogation !

Cette transparence sur votre bégaiement est aussi fortement conseillée pour les entretiens d'embauche. Voici quelques années, j'ai postulé pour un poste de responsable marketing dans une grande entreprise : à chaque entretien (cabinet de recrutement puis Responsable des Ressources Humaines puis futur responsable hiérarchique) j'ai dit que je bégayais. Je savais en effet qu'en situation de fort stress, le bégaiement pouvait revenir m'embêter et j'ai préféré prendre les devants. Cela n'a posé aucun problème : ils m'ont remercié pour ma franchise et cela a permis de détendre l'atmosphère. Ils ont pu voir aussi sur mon CV que cela ne m'avait pas gêné pour faire un parcours professionnel intéressant. Résultat : j'ai obtenu le poste... Que j'ai finalement refusé mais c'est une autre histoire.

A l'inverse, si vous réussissez à passer les entretiens en masquant votre bégaiement, la pression sera encore plus forte lors de la prise de poste ou de l'entrée dans votre nouvelle école : "mon Dieu, il ne faut surtout pas qu'ils découvrent que je suis bègue, que je leur ai caché quelque chose...".

Rappelez-vous aussi que 1% de la population bégaie, c'est à dire un candidat sur 100... Vous ne serez sans doute donc pas le premier bègue rencontré par l'examinateur ou le recruteur. En revanche, vous serez parmi les rares à oser en parler ouvertement et de manière transparente, ce qui sera sûrement apprécié. **Cela peut être d'ailleurs l'occasion pour mettre en avant les qualités nécessaires à votre rééducation** : volonté, persévérance, rigueur... Ainsi William, qui postulait pour un poste de commercial, a annoncé son bégaiement en ajoutant : « ... *ce qui prouve mon goût pour les challenges !* »

Les constats étant posés, voici quelques conseils simples pour la mise en pratique.

1. **Vous n'avez pas besoin de vous lancer dans de longues explications.** Non seulement vous ne vous résumez pas à votre bégaiement mais en plus les autres y attachent beaucoup moins d'importance que vous. Contentez-vous d'être factuel et annoncez la chose très simplement.

2. **Vous n'avez pas à vous excuser.** Le bégaiement n'est pas une faute et encore moins votre faute. C'est un état, point à la ligne.

3. **Vous n'annoncez pas la mort de votre grand-mère, juste que vous bégayez.** Restez-donc souriant et détendu et n'hésitez pas à recourir à l'humour. C'est vous qui donnez le ton. Si vous semblez gêné, les autres le seront aussi. Si vous en parlez de manière détendue, votre interlocuteur enregistrera l'information, sera éventuellement enclin à vous poser quelques questions et passera rapidement à autre chose.

Vous pouvez, et je le comprends, éprouver quelque réticence à initier la conversation en annonçant de but en blanc votre bégaiement.

Sur le forum Neurosemantics[9], j'ai donc sélectionné le témoignage de Tom qui précise mettre un point d'honneur à ce que ça ne soit pas la première chose qu'il annonce. Voici comment il procède :

> *Salut, je m'appelle Tom (ensuite je dis quelque chose sur moi qui n'a rien à voir avec le bégaiement, ainsi ce n'est pas la première chose que je mets en avant). Au fait, je suis une personne qui bégaie et c'est pour cela que je parle comme ça.*

Tom insiste aussi sur l'importance de dire « *je parle comme ça* » plutôt que « *je parle mal ou difficilement* » ou autres variantes parce que cela ne porte pas de jugement sur le bégaiement. Il se contente de le reconnaître et de l'annoncer comme un état.

Toutefois, si cet abordage vous semble encore un peu trop direct, vous pouvez attendre le premier blocage. C'est ce qu'explique Alexandre :

> *Sans dire que tu bégaies, tu peux aussi dire une petite phrase tranquillisatrice lorsque le premier blocage apparait, du style : « Ah ! Ca a du mal à sortir ce matin ». C'est un peu ce que n'importe quelle personne non bègue*

---

[9] Forum anglophone de personnes qui bégaient adeptes des thérapies cognitives et comportementales

ferait dans une situation où elle bafouille. Ça permet d'apaiser, de relâcher la pression et de mieux continuer.

John, également membre du forum Neurosemantics, donne le même conseil :

> La première fois que vous bloquez, vous pourriez dire quelque chose comme : « **Au fait, je voudrais juste mentionner que, des fois, je bégaie et que je suis en train de travailler là-dessus**. Il est donc possible que je me batte encore avec certains mots, juste comme je viens de le faire », tout cela dit d'une manière parfaitement naturelle en gardant un bon contact visuel. Souvenez-vous de la règle : les gens se comporteront avec vous de la manière dont vous vous comporterez avec vous-même. En agissant ainsi, vous programmez leur réaction.

Vous pouvez aussi le faire au téléphone. Là-aussi, la franchise permet d'éviter tout malaise ou incompréhension.

Voici le conseil de Joe qui devait appeler un service après-vente car son ordinateur était en panne :

> Je savais que la conversation allait être longue, j'ai donc annoncé immédiatement la couleur en prévenant mon interlocuteur : "Bonjour, j'ai quelques questions à poser mais d'abord je voudrais vous prévenir que je bégaie. Donc ne vous inquiétez pas si vous "entendez" des silences anormalement longs lorsque je parle (j'ai généralement des blocages silencieux). » Le type était

cool et m'a répondu d'une voix sympathique : « OK ». **Le fait de l'annoncer a énormément réduit la tension dans la conversation donc j'essaie d'utiliser cela aussi souvent que possible.** *Néanmoins, je ne veux pas avoir l'air de m'excuser et je ne dis jamais « Désolé, je bégaie ».*

Pour conclure sur ce point essentiel dans votre parcours, voici le témoignage que Ryme m'a laissé sur le blog :

> *Salut, en toute exclusivité, j'ai tout le plaisir de t'informer que j'ai bien passé mon oral. Je leur ai dit au tout début que j'avais des problèmes de bégaiement et puis j'avais beaucoup moins de pression. J'ai bégayé, oui, mais peu de fois sur quelques mots et c'est tout. J'ai même eu la force et le courage de laisser tomber mes notes pour tout improviser... J'ai surtout dit ce que je voulais dire quand je le voulais et ça n'a pas de prix...*

Je confirme : être soi-même et se montrer tel que l'on est vraiment, ça n'a pas de prix.

J'AURAIS VOULU SAVOIR QUE LE BEGAIEMENT NE RESISTE PAS A L'HUMOUR ET A L'AUTODERISION !

Selon Fred Murray l'un des contributeurs de « *Conseils pour ceux qui bégaient* » et l'auteur du livre « *Histoire d'un bègue* », voici les 3 meilleurs conseils qu'on lui ait donnés :

Arrête de te soucier de toi et de ton bégaiement. Tu es trop focalisé sur ça.

Trouve une aventure dans laquelle tu puisses te lancer, qui soit créative et où tu fais quelque chose pour aider les autres

Et, par-dessus tout, garde ton sens de l'humour.

Fred a entièrement raison ! **Lorsqu'il s'agit de sortir le chat du sac et de dévoiler son bégaiement, l'humour et l'autodérision s'avèrent des armes particulièrement efficaces.**

En matière d'autodérision, Nina G est une professionnelle puisqu'elle se présente comme « *la seule comédienne qui bégaie* ». C'est une humoriste américaine, spécialiste du « stand-up », qui a fait mentir ceux qui lui disaient qu'elle ne pourrait jamais monter sur scène. Depuis quelque temps, elle donne même des cours de prise de parole en public. Voici ce qu'elle dit sur la manière de parler de son bégaiement[10] :

> *Personnellement, lorsque je suis sur scène ou lorsque je fais des présentations, ou même lors d'un entretien, je dévoile mon bégaiement le plus tôt possible : « Juste pour que vous le sachiez, je bégaie et vous allez donc devoir attendre un peu pour entendre toutes les choses si géniales que j'ai à dire. » En général, ça brise la glace. En plus, je leur explique comment je souhaite qu'ils réagissent. En réalité, la plupart des gens ne savent pas comment réagir puisque nous sommes peut-être la première personne qui bégaie qu'ils rencontrent. Si nous pouvons modeler leurs réactions, ça peut éviter des maladresses.*
>
> *Chacun va présenter son bégaiement différemment. A vous de trouver une manière de le faire avec laquelle vous soyez à l'aise et de l'essayer avec votre entourage pour voir leur réaction. C'est « votre » bégaiement, « votre » présentation et « votre » public. Il y a tellement de fois où nous sentons que notre parole échappe à notre contrôle. En faisant des présentations, vous ne pouvez pas contrôler votre bégaiement mais vous contrôlez votre présentation donc profitez-en !*

---

[10] https://ninagcomedian.wordpress.com/2015/01/18/five-tips-for-stuttering-your-way-through-presentations/

Une dernière chose. Ne vous excusez pas pour votre parole. Le bégaiement fait partie de vous. Dire "désolé, je bégaie", c'est comme si je me levais et disais : "désolée les gars, je suis une femme !

De son côté, David suivait un programme de conversion au catholicisme :

Nous avons commencé la séance par un tour de table où je devais donner mon nom, mon parcours, ma précédente religion, etc. J'ai bloqué sur le mot « Méthodiste » durant près d'une minute. **Finalement, je me suis arrêté et j'ai dit : "Je me convertis parce que je trouve « Catholique » beaucoup plus facile à dire !** *» et ensuite j'ai sorti le mot que je voulais dire. Cela a eu un effet formidable. J'ai reconnu devant l'ensemble des participants qu'il se passait quelque chose d'anormal, que j'en étais conscient et, le plus important, que l'on pouvait en parler, ce que nous avons d'ailleurs fait.*[11]

En adoptant cette attitude, vos interlocuteurs ne riront pas de vous mais avec vous. Et cela change tout. Comme le disait Charles Van Riper : « *l'humour et l'émotion négative ne peuvent pas dormir dans le même lit !* » Vous n'en serez

---

[11] Vous trouverez d'autres exemples d'"humour bègue" sur la "Stuttering Home Page" http://www.mnsu.edu/comdis/kuster/humor.html

peut-être pas capable tout de suite mais lorsque vous commencerez à en plaisanter, ce sera très bon signe.

Ainsi, une maman témoignait sur un forum Internet :

> Ce matin mon fils de 4 ans et demi m'a dit en se levant (il prolonge tous les mots pour pouvoir parler) :
> Mmmmaman je parle comme les vaches (il parlait des mmm).
> Je n'ai rien osé dire et il a ri aux éclats. Il m'a ensuite demandé pourquoi je ne rigolais pas. Je lui ai dit que je ne souhaitais pas me moquer de lui. Il m'a répondu :
> On ne se moque pas de moi mais de mon bégaiement.
> Et il a continué à rire.

Vous voyez ? A quatre ans et demi, cet enfant avait déjà la meilleure des réactions possibles : il acceptait son bégaiement, en parlait avec humour, ne se sentait pas coupable ou honteux et savait que sa personne ne se réduisait pas à ça. Il ira loin ce petit bonhomme !

Cela fonctionne aussi très bien au petit jeu de la séduction. Et là, le champion toutes catégories s'appelle Mark : il a complètement renversé la situation en faisant de son bégaiement non pas un frein mais un moyen original d'aborder une personne qui lui plaît. Il parvient même à créer un contexte où ses éventuels bégaiements seront non seulement compris mais appréciés... Difficile de faire mieux pour enlever toute pression ! Voici comment il s'y prend :

Bonjour Mademoiselle, je m'appelle Mark et j'aimerais vraiment faire votre connaissance. Juste une chose : je bégaie... Et plus mon interlocutrice est jolie, plus je bégaie !

Champion du monde !

J'AURAIS VOULU SAVOIR QUE CHAQUE EVITEMENT EST UNE PERTE DE TEMPS ET QU'IL NE FAUT JAMAIS RECULER DEVANT LE BEGAIEMENT.

L'évitement est l'activité préférée des personnes qui bégaient.

Celui-ci peut prendre plusieurs formes : substitution d'un mot par un autre, ajout d'interjections parasites, de tics verbaux ou de raclements de gorge dans votre discours, un téléphone que vous ne décrochez pas (ou que vous feignez de ne pas entendre), une question que vous ne posez pas ou une réponse que vous ne donnez pas, une histoire drôle que vous ne racontez pas parce que vous avez trop peur de rester coincé sur la chute, un trait d'humour ou un argument que vous gardez pour vous dans une conversation...

Mon premier souvenir d'évitement remonte à l'enfance. Ma mère m'avait demandé d'aller acheter de l' « Ajax » à l'épicerie du coin. La première chose que j'ai vu apparaître, c'est le « A » d'Ajax et un voyant rouge s'est allumé dans mon cerveau. Je voyais ce « A » comme un obstacle sur lequel je viendrais buter. Tout le long du chemin, ce « A » n'a cessé de grossir pour atteindre des proportions effrayantes et lorsque je suis arrivé devant l'épicière, j'ai demandé... du Mir. Juste pour ne pas affronter ce terrible A.

Tous ces mots retenus ou évités génèrent un soulagement passager mais finissent par vous brûler l'estomac et le cœur aussi sûrement qu'un acide... **Petit à petit, ces évitements deviennent une seconde nature et peuvent aller très loin, jusqu'à diriger le moindre de vos choix.** L'appréhension peut ainsi se transformer en peur puis en véritable phobie.

Certains vont jusqu'à se faire passer pour muets ou aphones dans certaines situations, se déclarent malades le jour d'un oral ou d'un exposé... Au restaurant, vous choisirez le plat que vous pourrez prononcer plutôt que celui qui vous fait envie. Cela peut faire sourire mais lorsque cela finit par avoir un impact sur vos choix de vie, c'est beaucoup plus grave. Vous allez ainsi éviter certaines études (vente, communication...) puis de postuler pour un poste où il vous faudra parler en public ou répondre au téléphone, puis refuser de vous marier à l'église pour ne pas avoir à prononcer vos vœux en public... Comme l'a écrit Joseph Sheehan : « **l'évitement est un toboggan vers l'échec.** »

Le 1er commandement de la personne qui bégaie serait donc : « **Tu ne succomberas pas à la tentation de substituer un mot ou d'éviter une prise de parole.** »

Ce qui entretient votre honte, vos peurs et votre faible estime de vous-même, c'est l'évitement. J'ai lu quelque part que **pour être fier de soi, il suffit de faire des choses dont on est fier...** J'ajouterais : et cesser de faire les choses dont nous ne sommes pas fiers. Or, en évitant des mots ou des prises de parole, vous faites quelque chose dont justement vous n'êtes pas fier.

Vous ne devez plus laisser le bégaiement dicter votre conduite et plus largement votre vie. Cette résolution est sans doute la plus importante. Comme le dit Alexandre sur un forum Internet :

> *Quand vous pensez faire quelque chose, posez-vous une question :*
> *Est-ce que j'hésite à le faire à cause de mon bégaiement ?*
> *Si la réponse est « Oui », faites-le.* **Sinon, vous laissez le bégaiement dicter ce que vous pouvez faire et ne pas faire, et vous lui cédez le pouvoir.**

Joe est américain et président d'une association locale de personnes qui bégaient. Joe bégayait sévèrement quand il était enfant. Il bloquait beaucoup, avait des tics et évitait bien sûr les situations où il devait parler.

A un moment, il a décidé qu'au lieu de pleurnicher et de s'en prendre au monde entier, il considérerait son bégaiement comme un compagnon. « Je me suis tourné vers lui », explique Joe, et je lui ai dit : « Viens mon pote ! »

Il s'est alors juré qu'il ne prendrait plus jamais ses décisions en fonction du bégaiement. Depuis, plutôt que d'attendre d'être fluent pour faire quelque chose, il se contente de le faire, tout simplement. Maintenant, il a un très léger bégaiement, mais il est si expressif et si volubile que cela ne se voit pas. La seule chose qu'il a faite a été d'arrêter d'éviter, de forcer et de s'angoisser. Joe n'est pas un grand théoricien du bégaiement, il dit simplement une chose : **« nous commençons avec un petit bégaiement et c'est nous qui le rendons si gros. »**

Alan Badmington est un policier gallois à la retraite. Son bégaiement était sévère et il était devenu un maître de l'évitement. Il raconte que, lorsqu'il interpellait un contrevenant dans la rue, il devait appeler un central téléphonique pour indiquer l'endroit où il se trouvait. Si le nom de la rue commençait par un son qu'il ne pouvait prononcer, il traînait l'interpellé dans une rue voisine avant de passer son appel ! Lorsqu'il s'est marié, il a choisi de prononcer ses vœux à l'unisson avec le pasteur pour être sûr de ne pas bloquer. Il raconte cette anecdote avec humour en expliquant que, finalement, il ne sait pas qui s'est réellement marié avec qui...

Alan a pris un jour une résolution qui a changé sa vie : il a décidé qu'il ne ferait dorénavant plus aucun évitement. Si un mot ne sortait pas, il ne le remplacerait pas par un autre mais mettrait en œuvre ce qu'il avait appris pour surmonter un blocage. Pour lui, cela a été déterminant d'oser affronter ses peurs (peur de vivre des situations de communication, peur d'annoncer qu'il bégayait, peur d'utiliser ses techniques orthophoniques...). **Il a choisi de voir les situations nouvelles comme des expériences d'apprentissage plutôt que comme des difficultés et c'est à partir de ce moment que son image de lui-même s'est améliorée et qu'il est entré dans le cercle vertueux de la confiance.** Aujourd'hui, il est devenu un orateur remarquable et recherché et donne des conférences dans le monde entier pour témoigner sur son parcours.

En réalité, vous aurez un sentiment d'accomplissement personnel en recherchant volontairement les mots craints et en vous impliquant dans des situations difficiles. Moins vous éviterez, plus vous aurez confiance en vous-même en tant que personne digne et respectable. - Malcolm Fraser.

Tout le bénéfice de ce changement d'attitude se résume dans cette formule : « **Fuis ta peur, elle te suit. Fais lui face, elle s'efface.** »

En effet, affronter une situation renforce votre confiance et **enclenche un cercle vertueux** :

J'ose.

↪ Je me rends compte que ce n'est pas si difficile que prévu et, même si ça l'est, ça le devient de moins en moins.

↪ Je remplace la frustration par la satisfaction d'avoir osé.

↪ J'ai une meilleure image de moi.

↪ Je reprends confiance.

↪ Cette confiance me porte pour oser d'autres choses.

↪ J'ose un peu plus...

On retrouve ce cercle vertueux dans de nombreux témoignages de personnes qui bégaient.

Le cercle vertueux de la fluidité

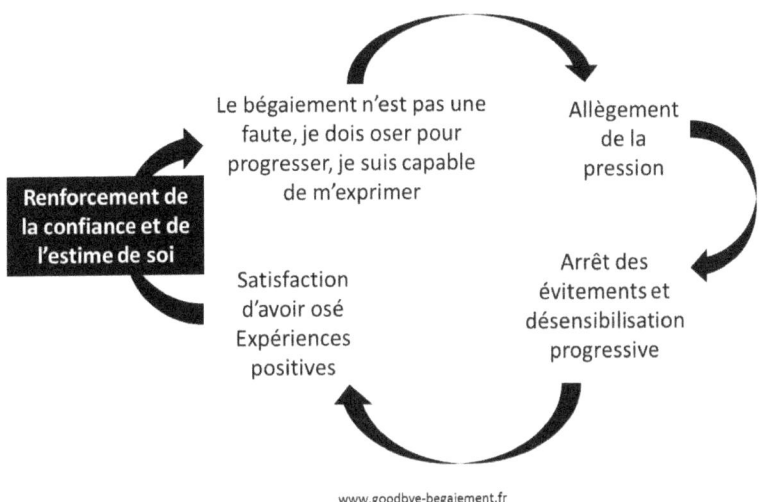

Catherine, une jeune femme polonaise utilise une jolie métaphore pour expliquer les bienfaits de ce changement d'attitude :

> *Dites-vous que vous avez deux plantes : la plante carnivore "Le monstre de la parole" et la plante "Je peux le faire". Chaque fois que vous évitez, vous arrosez la plante "Monstre de la Parole" qui devient un peu plus terrifiante alors que celle de la confiance se recroqueville. A l'inverse, chaque fois que vous êtes courageux, vous arrosez la plante « Je peux le faire » et vous regagnez de la confiance. Le but est d'assécher la plante « Monstre de la Parole » et de fertiliser la « Je peux le faire » !*

Hal B. bégaie depuis l'école primaire. Sa scolarité a été marquée par les moqueries de ses camarades mais aussi de certains de ses professeurs. Pourtant, il a un jour trouvé la force de surmonter sa peur et de faire face. C'était en première année de lycée :

> *Je devais donner une présentation devant ce qui devait être une petite assemblée d'au maximum deux douzaines de personnes. A la fin de cette présentation, je devais lire un assez long passage d'un texte écrit en araméen ancien, ce que je ne faisais pas vraiment avec fluence, c'est le moins qu'on puisse dire. Mais ce qui était censé être un petit groupe s'est transformé en l'école entière. Heureusement, j'étais dans une petite école et ça ne faisait finalement qu'une centaine de personnes, mais je n'ai appris ce changement que quelques minutes avant de commencer. Toute la préparation mentale que j'avais faite pour cette présentation était bonne à jeter. Pour faire court, j'ai tellement bégayé que le directeur s'est levé et a proposé de poursuivre la lecture à ma place. A ce moment très précis, j'avais le choix. Je pouvais saisir cette perche et choisir la facilité, ou je pouvais me battre et finir ce que j'avais commencé, aussi pénible que ce soit. J'ai fini cette présentation, avec le bégaiement et le reste. On dit que vous devez parfois être au pied du mur pour trouver la force de vous surpasser : ce pénible vendredi a été mon mur. Ce jour-là, j'avais vu le pire de ce que le bégaiement pouvait me faire. Mon calvaire et l'humiliation publique étaient tels qu'une partie de moi*

m'a supplié de ne jamais plus prendre la parole en public. Et si je n'avais plus jamais parlé en public après cela, qui aurait pu m'en blâmer ? Mais j'ai refusé de laisser le bégaiement me limiter. En me remémorant ce jour horrible et les centaines de paires d'yeux apitoyés dans le public, j'ai fait le vœu de ne plus jamais laisser cela se reproduire. Je me suis battu. Je me suis battu à travers chaque bégaiement et chaque blocage. Et c'est une bataille que je livre encore aujourd'hui. Chaque jour est un nouveau combat, une nouvelle bataille à gagner. Je ne gagne pas à chaque fois mais chaque nouvelle journée est une autre chance de connaître la fluence et c'est un défi auquel je réponds toujours. **Alors, je dis à tous ceux qui mènent en ce moment leur propre bataille : n'abandonnez pas.** (...).Comme l'a dit la grande journaliste Dorothy Thompson : *"C'est seulement lorsque nous n'avons plus peur que nous commençons à vivre"*.

Ce moment a été décisif pour Hal. Il est aujourd'hui à l'Université, où il étudie la diplomatie et les affaires internationales. Sa plante « *je peux le faire* » se porte à merveille...

J'AURAIS VOULU SAVOIR QU'IL N'Y A PAS BESOIN D'ETRE BON POUR SE LANCER MAIS QU'IL FAUT SE LANCER POUR ETRE BON.

Malgré tout ce que je viens de vous dire, vous hésitez peut-être encore à vous lancer. Vous pensez que c'est encore trop tôt, que vous n'êtes pas prêt...

Durant longtemps, j'ai vécu en me disant : « Quand je ne bégaierai plus, je ferai ça. »

C'était une grande erreur parce que, sans m'en rendre compte, je prenais le problème par le mauvais bout.

C'est lorsque j'ai décidé d'adopter l'attitude inverse que j'ai commencé à progresser. **Il faut justement « faire ça » pour arriver au final à ne plus bégayer.** C'est en vivant les situations de parole que vous allez acquérir des compétences et progresser.

Ne pas se dire :

« Lorsque je ne bégaierai plus, je téléphonerai »

<u>Mais</u>

« **Je vais passer des appels pour ne plus bégayer au téléphone.** »

Alors que la plupart des personnes, qu'elles bégaient ou non, paniquent à l'idée de parler en public, John Moore en a fait une thérapie et se surnomme lui-même le "Présentateur Bégayant".

> *Durant de trop longues années, le bégaiement a étouffé ma voix et freiné ma progression. Il a fallu que je touche le fond pour que je décide que le bégaiement n'allait pas gérer ma vie. Au lieu de cela, j'allais gérer mon bégaiement. Cela signifiait que je n'allais plus laisser la honte et la culpabilité du bégaiement me réduire au silence. J'allais utiliser chaque technique apprise pour minimiser ma disfluence et rechercher activement des opportunités de prise de parole, même si je bégayais. C'était simple.* **Pour moi, pour cesser de bégayer, je devais commencer à parler.**[12]

Il a depuis fait un long chemin puisqu'il a été Directeur

---

[12] http://www.stutteringhelp.org/content/stuttering-public-speaking

Marketing chez Starbucks, a écrit un livre « *La Conversation Passion* », est devenu consultant et a donné plus de deux cent cinquante conférences à travers le monde

L'expression populaire parle de « se jeter à l'eau ». L'exemple suivant l'illustre à merveille. Imaginez que vous soyez en surpoids et, qu'en plus de votre régime, votre médecin vous conseille d'aller nager régulièrement à la piscine. Si vous avez honte de vos bourrelets, vous n'oserez pas vous mettre en maillot et vous n'irez pas nager. En n'assumant pas votre corps, en refusant d'exposer votre différence, vous vous privez alors de la possibilité de faire de l'exercice et de résoudre une partie de votre problème. C'est exactement la même chose pour le bégaiement. **En refusant de l'exposer, vous ne vous mettez pas dans les situations de parole qui vous aideront à mettre en pratique vos techniques et à prendre confiance en vous.**

Pour progresser et gagner en confiance, la méthode la plus répandue est celle de la « **désensibilisation progressive** ». Le principe est simple. Vous listez ce qui vous fait peur (mots, situations, personnes...) par ordre croissant d'appréhension. Ensuite, **vous allez affronter ces mots ou situations graduellement en commençant par ce qui vous** effraie le moins. L'idée est d'acquérir progressivement de la confiance qui vous servira pour affronter la situation suivante.

Pour illustrer cette nécessité de se lancer et cet apprentissage progressif, j'aime bien utiliser la métaphore du ski.

La personne qui bégaie est un skieur débutant qui ne peut pas se lancer dans une pente sans s'emmêler les spatules et tomber tous les dix mètres.

Pour nous le ski, c'est épuisant, une source de souffrance, un risque de blessure, le meilleur moyen pour se taper la honte.

Nous voyons les autres prendre du plaisir, s'éclater, glisser en dégageant une sensation de facilité. Et cela nous attriste ou nous met en colère.

Cette année, vous allez donc apprendre à skier. Vous allez choisir une monitrice et prendre des cours individuels ou collectifs, ou biens apprendre par vous-mêmes en lisant des ouvrages rédigés par des experts, en regardant des vidéos de champion, en participant à des forums de passionnés de la glisse. Mais quoi qu'il en soit, **vous ne progresserez pas tant que vous n'aurez pas chaussé les skis et descendu votre première pente.**

Vous allez d'abord apprendre à faire du chasse-neige, une technique pas très esthétique, pas très rapide mais qui vous permettra de vous lancer sans trop de risque.

Vous allez commencer par des pistes faciles, accompagné de votre moniteur, pour travailler votre technique.

Vous allez ensuite, progressivement, descendre des pistes de plus en plus difficiles.

Vous allez vous prendre des gamelles, parfois spectaculaires. Mais si vous persévérez, si vous allez skier tous les jours, vous allez progresser, améliorer votre technique, emprunter des pistes plus difficiles et même partir seul sans votre moniteur.

Vos skis vont se rapprocher de plus en plus et vous allez faire des virages parallèles.

Vous allez avoir de moins en moins d'appréhension. Vous allez vous détendre, vous sentir à l'aise et vos gestes seront plus fluides.

Vous allez commencer à prendre du plaisir, jusqu'à ressentir une merveilleuse sensation de glisse.

Jusqu'à skier sans réfléchir, en goûtant au plaisir des sensations, en vous émerveillant du paysage... Maintenant, relisez ce texte en remplaçant « ski » par «

parole », « skier » par parler et « piste » par « situation de parole ».

Etonnant, non ?

De mon côté, je n'ai pas encore le Chamois d'Or, un style pas toujours très esthétique mais j'ai un niveau suffisant pour m'éclater et passer partout.

Et c'est bien le principal, non ?

J'AURAIS VOULU SAVOIR QUE LA PLUS PETITE ACTION EST PREFERABLE A LA PLUS NOBLE DES INTENTIONS.

Cela fait peut-être déjà quelque temps que vous recherchez de l'information sur le bégaiement :

- Vous avez lu sur les blogs des témoignages et des articles qui vous ont motivé...

- Vous avez acheté des livres sur le bégaiement...

- Vous vous êtes inscrit sur des groupes Facebook et sur des forums...

Et puis...

- Vous avez relu des articles...

- Vous avez lu les nouvelles discussions sur les réseaux sociaux et les forums...

Mais vous n'avez toujours RIEN FAIT !

Et vous commencez légèrement à culpabiliser, premier stade avant la bonne déprime, plus connue sous le nom d'« aquoibonite » ou « jesuisungrosnullite »...

Je vais vous dire : je compatis. Parce que oui, je l'avoue, je suis comme vous. Je suis le champion du monde des dilettantes et des résolutions éphémères. Et je pense que cette incapacité à passer durablement à l'action m'a longtemps freiné pour faire des progrès significatifs.

Oui, j'avoue avoir parfois la volonté d'un concombre de mer et j'admire réellement ces personnes capables de se lever chaque matin à cinq heures pour faire une heure de sport avant d'aller travailler. Je sais que c'est mon principal obstacle au progrès et je suis sûr que ça l'est aussi pour beaucoup de monde.

Parce que vous pouvez avoir lu tous les bons conseils du monde et les témoignages les plus inspirants, vous pouvez avoir compris ce que vous devez faire pour vous libérer du bégaiement, **le vrai changement ne se produira que lorsque vous agirez.** A ce sujet, j'aime bien cette citation mise en exergue par la Stuttering Foundation of America :

> *Il existe plusieurs manières efficaces et éprouvées de surmonter le bégaiement : **ne rien faire n'en fait pas partie.***

Donc, résumons :

Lire des articles de blog ou des bouquins n'est pas agir

Décider n'est pas agir.

Agir... C'est agir.

Le pire c'est que cela fait longtemps que nous le savons et que nous sommes prévenus. Dès le VIIIème Siècle, Padmasambhava (que les tibétains appellent « le second Bouddha », c'est pour vous dire que ce n'est pas n'importe qui) disait « Si vous désirez connaître votre vie passée, examinez votre condition présente ; si c'est votre vie future que vous désirez connaître, examinez vos actions présentes. » En résumé : « **ce que vous serez demain sera le résultat de ce que vous faites aujourd'hui.** » La seule question à vous poser maintenant est donc : « **Etes-vous dans l'action ?** » Et si ce n'est pas le cas, comment réussir à vous mettre en mouvement ? Comment passer du verbe lire au verbe agir ?

Vous commencez vraiment à changer votre vie à partir du moment où vous prenez une décision. Et une vraie décision se mesure au fait que vous avez entrepris une nouvelle action. S'il n'y a pas d'action, vous n'avez pas vraiment décidé.

Selon Anthony Robbins, le charismatique pape du développement personnel aux Etats-Unis :

> *Le réel pouvoir ce n'est pas la connaissance (qui est un pouvoir potentiel) mais la capacité à agir.*

Et il a raison ! Parce que le pire, c'est que, la plupart du temps, vous savez ce que vous devriez faire. Vous avez la connaissance.

- Vous savez que vous devriez sortir, sourire et aller vers les autres plutôt que de rester cloîtré dans votre chambre.

- Vous savez que vous devriez pratiquer chaque jour les techniques de fluence que vous avez apprises.

- Vous savez que vous devez vous exercer encore et encore pour maîtriser le téléphone et cesser de le craindre.

Et pourtant vous ne le faites pas. Et il ne se passe rien.

Reprenons ensemble la métaphore de l'apprentissage du ski. Si vous lisez des ouvrages rédigés par des experts, regardez des vidéos de champion, participez à des forums de passionnés, pensez-vous que, après avoir fait tout cela, vous saurez skier ?

Je n'écris pas ces lignes pour vous enfoncer. Je voudrais même vous rassurer : **cette difficulté du passage à l'acte est un problème auquel sont confrontés beaucoup de gens.** C'est même l'un des sujets favoris des blogs et ouvrages consacrés au développement personnel qui regorgent de conseils _pour lutter contre la

« procrastination », c'est à dire notre tendance naturelle à reporter sans cesse ce que nous devrions faire.

Le premier conseil que je peux vous donner est de **ne choisir qu'UNE résolution.** Cela vous évite de vous disperser, c'est beaucoup plus simple à tenir et une seule résolution est souvent suffisante pour enclencher un cercle vertueux.

Ainsi, Alan Badmington a pris un jour la résolution de ne plus jamais éviter un mot ou une situation de parole. Il a décidé de mettre en place une « **tolérance zéro** » **pour les évitements.** Cette règle simple mais essentielle lui a permis de se mettre en mouvement, d'affronter ce qu'il redoutait auparavant, de s'exercer, de gagner en compétence et en confiance...

D'autres ont choisi d'oser le bégaiement volontaire, affrontant ainsi la peur des blocages ou répétitions, les relativisant et s'enlevant ainsi une grande partie de la pression qui pesait sur leur parole.

Pour ma part, la première chose que j'ai pratiquée avec succès, c'est le maintien du contact visuel. En faisant cela, j'ai regardé mon bégaiement dans les yeux ou plutôt j'ai cessé de baisser les yeux devant lui. Ce simple changement a eu une influence sur mes pensées, mon attitude, ma communication et au final sur la manière dont moi et mon interlocuteur vivions les moments de bégaiement.

Bien choisie, une résolution vous permettra de dénouer l'écheveau complexe de votre bégaiement. En tirant sur un fil, vous allez dérouler un long bout de pelote, jusqu'à parvenir au nœud suivant pour lequel il vous faudra peut-être utiliser une autre résolution.

En effet, si vous arrivez à tenir cette première résolution, vous pourrez éventuellement en ajouter d'autres. **Vous bénéficierez alors de la confiance accumulée par la poursuite réussie de la première.**

Faites aussi attention de **ne pas confondre objectif et bonne résolution.** C'est une erreur classique, bande de petits scarabées écervelés. Prenons un exemple. Vous voulez perdre du poids : c'est un objectif. Pour y parvenir, vous allez courir deux fois par semaine : c'est une résolution. Avec la résolution, nous sommes dans l'action. Si votre objectif est de ne plus vous évanouir chaque fois qu'un téléphone sonne près de vous, vous allez prendre par exemple la résolution de passer au moins trois coups de fils par jour.

L'avantage des résolutions, c'est que vous avez chaque jour la chance de pouvoir les tenir. Et un échec n'est pas rédhibitoire. Comme le dit Gretchen Rubin dans son livre « *Opération bonheur* » :

> *J'essaie chaque jour d'appliquer mes bonnes résolutions. Parfois, je réussis, parfois j'échoue mais le matin je repars de zéro.*

Oui ? Une question dans le fond ? Quoi ? « Comment choisir ma résolution ? »

Bonne question ! **Choisissez tout simplement celle qui aura pour vous le plus d'impact sur votre bégaiement**, celle qui vous motivera le plus. Ne choisissez pas forcément celle qui vous semble la plus facile.

D'autres avant vous ont tenté et réussi leur voyage vers la fluidité et vous avez la chance de disposer ainsi d'une source d'inspirations pour puiser vos bonnes résolutions. La liste ci-dessous pourra vous aider. Elle est issue des expériences citées sur le blog, celles vécues par des personnes ayant réussi à se libérer du bégaiement.

> *Je parlerai quand j'en aurai envie, bégaiement ou non.*
> *Je ferai un exposé en classe pour parler de mon bégaiement.*
> *Je passerai moi-même tous mes coups de téléphone*
> *Je ne remplacerai plus un mot par un autre et je n'éviterai plus de situations de parole.*

J'utiliserai les techniques de fluence que j'ai apprises (respiration, articulation gestion des blocages)
...

Un excellent moyen de tenir une résolution est de l'annoncer autour de vous. Ceux qui seront au courant pourront vous encourager et vous remotiver. Vous pouvez l'annoncer à votre frère ou sœur, votre meilleur ami, votre orthophoniste, votre chéri(e)... Pour ajouter une motivation supplémentaire, vous pouvez même vous engager à faire quelque chose si vous ne tenez pas votre résolution : aller faire le ménage chez eux durant un mois, faire un don à un parti politique que vous détestez... Nul doute que cela vous poussera à tenir votre résolution !

Aujourd'hui, j'ai le réflexe de me poser la question lorsque quelque chose me déplaît ou me pose souci dans ma vie. « *Est-ce que je suis dans l'action ?* » C'est-à-dire, une fois le constat établi et le problème identifié, que fais-je pour que les choses changent ? Rechercher une orthophoniste, c'est être dans l'action. Parler de son bégaiement à un proche, c'est être dans l'action. Refuser d'éviter un mot, c'est être dans l'action. Décrocher son téléphone pour passer des appels, c'est être dans l'action...

Je ne sais plus si c'est Gandhi ou Donald Duck qui a dit « Si vous voulez changer quelque chose dans votre vie, vous allez devoir faire une chose que vous n'avez jamais faite » mais je suis plutôt d'accord.

Et je vous le promets : dans un an, vous serez heureux d'avoir commencé aujourd'hui.

J'AURAIS VOULU SAVOIR QUE CHANGER MES PENSEES POUVAIT REELLEMENT CHANGER MA VIE.

Changer mon état d'esprit a été déterminant dans mon parcours. Comme disait Voltaire : « J'ai choisi d'être heureux, c'est meilleur pour la santé. »

J'ai appris à abandonner les ruminations négatives (*je n'y arriverai jamais, je suis nul...*) qui ne faisaient que m'enfoncer encore plus. **J'ai choisi de réfléchir aux solutions plutôt que de me désoler du problème.** Au lieu de me dire : « j'ai une présentation à faire, c'est horrible, comment faire pour l'éviter ? », je me dis aujourd'hui : « comment bien la préparer, comment faire pour réussir ? »

Dans la suite de sa réponse donnée à une jeune fille qui bégaie, le blogueur Stuttering Jack souligne l'importance de cette transformation.

> *Tu dois cesser d'utiliser tes affirmations et visualisations négatives. Ce sont des forces puissantes qui travaillent contre toi. Au lieu d'affirmations négatives comme 'la vie ne va pas s'arranger mais empirer', 'Je sais qu'il n'y a pas de remède', 'une amélioration tiendrait du*

miracle', une vie qui ne compte pas' et des visualisations comme 'je ne vois pas cela arriver', 'je ne m'imagine même pas mariée', **je veux que tu utilises des affirmations et visualisations positives qui créent, dans ta tête, les images que tu veux voir dans ta vie,** *même si elles ressemblent à un rêve lointain, et que tu les gardes en tête, avec des couleurs éclatantes. Visualise-toi dans cette image idéale et ressens ce que cela serait de vivre ce rêve. Fais cela chaque jour et tu commenceras à t'en rapprocher, même si cela paraît encore loin.*

Voici donc six conseils pour vous aider à quitter le côté obscur de ces forces...

Conseil n° 1 : Prenez conscience de la toxicité de vos pensées

Dire que les pensées font mal n'est pas un vain mot. Une étude publiée en 2011 par l'Université du Michigan[13] montre, IRM à l'appui, que les mêmes zones du cerveau sont activées quand vous vous brûlez avec du café ou lorsque vous repensez à un chagrin d'amour. En d'autres termes, **le cerveau ne fait pas la différence entre une douleur physique et une douleur émotionnelle.** Vos pensées

---

13
www.cnn.com/2011/HEALTH/03/28/burn.heartbreak.same.to.brain/index.html

négatives sont réellement toxiques et vous devez les éliminer.

Pour vous en souvenir, voici un truc tout simple donné par Paulo Coelho dans son livre *Maktub* (oui, bon, moi aussi j'ai eu ma période Paulo Coelho….). Il explique qu'il est nécessaire de déplacer la douleur sur le plan physique afin de percevoir le mal qu'elle nous cause.

> *Enfonce l'ongle de ton index dans ton pouce chaque fois qu'une pensée te fait du mal : si tu fais en sorte que les pensées négatives se manifestent sous forme de douleur physique, tu comprendras mieux le mal qu'elles te causent. Alors, tu parviendras à les éviter.*

Donc, chaque fois que vous pensez « Je suis un gros nul incapable de dire ce que je veux », pincez-vous un bon coup, ça devrait vite vous passer.

Autre idée donnée par l'ami Paulo pour bien prendre conscience que ces pensées nous nuisent : leur donner un visage.

> *Il suffit de placer toutes tes angoisses, tes peurs, tes déceptions, dans un être invisible qui se tient à ta gauche. Il tient le rôle du « vilain » de ton existence, te suggérant sans cesse des attitudes ou des sentiments mauvais pour toi. Une fois créé ce personnage, il est facile de ne pas suivre ses conseils.*

Moi mon vilain, il a la tête d'Acidenitrix (cf l'album d'Astérix « Le grand fossé »). Je peux vous dire que ça fonctionne !

Conseil n° 2 : les 3 tamis de Platon

Je garde un souvenir douloureux du père Platon. Pour préparer une rentrée étudiante, j'avais dû me taper durant l'été trois ou quatre livres de philosophie dont « *La République* ». Comme souvenirs de vacances, il y a mieux... Ce type avait presque réussi à me dégoûter de la lecture. Je lui en ai gardé une rancune tenace et je ne pensais pas le citer un jour. J'ai pourtant découvert récemment que Platon pratiquait déjà la thérapie cognitive, il y a plus de deux mille ans. Pour mettre à l'épreuve nos croyances, il proposait d'utiliser la technique des trois tamis. Elle repose sur trois questions simples que vous devez vous poser chaque fois qu'une pensée négative vient vous pourrir la vie :

« Ce que je crois est-il absolument vrai ? » Si la réponse est NON, posez-vous la deuxième question : « M'est-il utile de le penser ? » Si la réponse est encore non, la dernière question devrait vous permettre de porter l'estocade (à moins d'être masochiste) : « M'est-il agréable de le penser ? ». Essayez cet exercice avec la pensée : « Ils vont me trouver nul » ou « Je vais me planter et être ridicule ».

Cela devrait amollir grandement votre croyance et vous pourrez passer à autre chose de plus positif et constructif.

Conseil n° 3 : écrivez vos doutes et vos peurs !

Désormais, vous avez pris conscience que ces pensées sont toxiques et qu'elles survivent rarement à l'épreuve des trois tamis. Mais comment faire pour vous débarrasser de celles qui continuent à vous trotter dans la tête ? Selon une récente étude menée par le psychologue Sian Beilock (Université de Chicago), **écrire ce qui nous préoccupe juste avant un événement stressant (comme un examen ou une présentation) permet de booster notre performance.** Des étudiants ayant écrit ce qu'ils craignaient dix minutes avant leur examen ont eu ainsi de bien meilleurs résultats que ceux n'ayant pas fait cette démarche.

Explication : les soucis « polluent » le cerveau et l'empêchent d'avoir son rendement optimum. Ecrire ses soucis permettrait de désencombrer le cerveau, qui pourrait ainsi consacrer le maximum de sa puissance à la tâche demandée. Selon les chercheurs de l'Université de Chicago, ce type d'exercice aidera les personnes à réussir au mieux dans des situations de « haute pression » comme un entretien d'embauche, un rendez-vous important ou une prise de parole en public.

De manière générale, tenir un journal est une pratique positive. Cela vous permettra de noter vos doutes, vos peurs et vos croyances et de mieux comprendre ce qu'il y a derrière, mais aussi de garder trace de vos réussites. C'est le conseil donné par Mark Irwin (président de l'International Stuttering Association entre 2001 et 2007) :

> *Tenez un journal. Notez-y vos réussites. Chaque fois que vous vous exprimez bien, notez-le (décrivez avec qui, quand et où). Je me suis aperçu que relire cette liste toujours plus grande de mes situations de parole réussies a eu un effet extrêmement puissant pour améliorer l'image que j'avais de moi en tant qu'orateur. Je pense que trop souvent les personnes qui bégaient exagèrent leurs limites en tant que communiquant. Dans mon esprit, c'est important que cette fausse image soit corrigée en recevant une validation en tant qu'orateur aussi souvent que possible. Le journal m'a aidé à faire cela.*[14]

Clément a également suivi ce conseil avant de faire un exposé. Voici ce qu'il a écrit et partagé ensuite sur le blog :

> *Dans quelques heures, je passe devant vingt personnes. Etant bègue, j'appréhende bien sûr cet exposé.*
> *Mes peurs : bloquer souvent, ressentir de la moquerie, de l'incompréhension, un jugement de la part du public. Et aussi qu'une gêne s'empare du public et du prof.*

Mais j'ai des choses à dire, il faut que je les dise, je les dirai. Ma valeur en tant que personne n'est pas déterminée uniquement par mon bégaiement. Je vais me concentrer sur ce que j'ai à dire, me concentrer sur le public, accepter que, c'est sûr, je vais bloquer mais le plus important c'est que je dise ce que j'ai à dire. Et aussi imaginer les sentiments agréables ressentis quand on arrive à faire passer un message.

En lisant ces lignes, on comprend mieux comment l'écriture peut aider. En nommant ses peurs, Clément a aussi trouvé naturellement la manière de les combattre. Et, en quelques mots, il est passé d'une anticipation négative à une visualisation positive, qui l'a aidé à aborder plus sereinement cette situation. Il expliquait d'ailleurs que cela l'avait beaucoup aidé de relire son petit texte avant de passer l'épreuve.

Conseil n° 4 : Faites comme si et changez votre point de vue

Etonnamment, pour acquérir une qualité, le mieux est d'agir comme si on la possédait déjà. Une étude scientifique récente a en effet démontré l'efficacité de faire « comme si » pour avoir confiance en soi. Selon cette étude (parue en

---

[14] https://www.mnsu.edu/comdis/isad5/papers/irwin.html

2010 dans Psychological Science), agir « comme si » on avait confiance en soi produit des changements neuro-endocrinaux, psychologiques et comportementaux.

Les chercheurs ont fait prendre aux personnes d'un premier groupe des postures « d'homme fort », de puissance et aux personnes d'un second groupe des postures inverses. Ils ont découvert que les postures d'affirmation provoquaient une hausse de la testostérone (associée à l'assertivité et à la prise de risque) et une baisse de cortisol (associée à l'anxiété et la peur) ; et qu'il se passait exactement le contraire pour ceux qui avaient des postures de faiblesse. Ceux du premier groupe ont dit aussi se sentir plus puissants et plus enclins à prendre des risques.[15]

René, un spécialiste PNL présent sur le forum neurosemantics[16], a pu constater les effets de cette pratique sur ses patients. Selon lui, pour changer vos pensées, il faut changer votre point de vue, votre manière d'appréhender les situations. Cela vous obligera à utiliser des pensées différentes. Pour les personnes craignant de se présenter devant du monde, comme dans une réunion, **il conseille**

---

[15] Sur ce sujet, je vous invite vivement à regarder sur Internet la vidéo de la psychologue Amy Cuddy : « votre langage corporel forge qui vous êtes ».

[16] Forum anglophone sur l'application des techniques cognitives et comportementales à la thérapie du bégaiement

donc de passer du point de vue « *je* ne veux pas me présenter » à celui « je meurs d'envie de me présenter ! »

Vous devez retrouver l'état d'esprit de l'enfant qui trépigne en attendant son tour pour monter dans le manège. Ainsi, avant de passer un appel téléphonique, vous pouvez imaginer ce que vous penseriez et ressentiriez si vous vouliez réellement que cet appel se produise. Comme si l'on vous offrait un cadeau et que vous brûliez de déchirer l'emballage pour savoir ce qu'il contient.

Voilà ce que dit René :

> *Votre cerveau ne peut pas faire la différence entre ce qui est réel ou non. Donc si vous prétendez être comme un enfant plein de joie et d'excitation, votre cerveau va simplement suivre ce point de vue et générer des pensées positives. Essayez cela, et pas juste une fois, mais au moins sept ou dix fois. Vous allez déconstruire une habitude et cela prend du temps. Tout est dans le fait de savoir comment modifier son point de vue et comprendre que, quelle que soit la manière dont vous vous sentez, c'est le résultat de vos pensées actives.*

René utilise cette technique pour parler devant des assemblées mais aussi pour se motiver à faire le ménage ou à sortir la poubelle ! C'est votre compagnon ou vos parents qui vont être contents !

Conseil n° 5 : prêtez attention aux autres.

C'est le conseil que donne Tim Mackesey, un ancien bègue devenu orthophoniste. Selon lui, notre nervosité provient du fait que nous sommes trop tournés sur nous-même, trop égocentriques : Vont-ils M'aimer ? Est-ce qu'ils vont rire de MOI ? Vais-je oublier MON texte ? Vont-ils ME trouver bon ? Il préconise donc d'essayer plutôt de vous focaliser sur votre auditoire.

J'avais lu que cette technique avait été utilisée avec succès par un spécialiste en PNL auprès d'une jeune femme qui bégayait. Il avait remarqué que le bégaiement de sa patiente était particulièrement fort dans des situations stressantes. **Pour réduire son stress, il lui a appris à se focaliser plutôt sur ce que faisaient les autres.** Il est en effet parti du constat simple que, pour ressentir de l'anxiété, il faut que nos pensées soient tournées vers nous-mêmes. Or, nous ne pouvons pas prêter attention en même temps à nos pensées, à notre environnement et aux autres personnes. En suivant ce conseil, Brenda a remarqué qu'elle n'atteignait plus le niveau d'anxiété qui aggravait d'habitude son bégaiement. Autre effet bénéfique : elle remarquait chez les autres des choses qu'elle ne voyait pas auparavant et les trouvait ainsi beaucoup moins menaçants.

Cette expérience me rappelle ce que disait Lewis Carroll, l'auteur d'Alice au Pays des Merveilles, qui bégayait aussi très bien :

S'il n'est pas possible de ne pas penser à quelque chose, il est toujours possible de penser à autre chose.

Conseil n° 6 : Soyez votre meilleur ami !

C'est mon conseil préféré et je l'ai gardé pour la fin.

Nous nous focalisons sur les coups et jugements qui viennent ou pourraient venir du monde extérieur. Mais notre discours intérieur est souvent beaucoup plus critique voire autodestructeur et nous nous parlons en utilisant des mots que nous ne tolérerions pas d'une autre personne. Comme je l'ai lu récemment sur un forum : « Les gens disent que c'est la jungle dehors mais la vraie jungle est entre leurs oreilles ! »

Posez-vous la question : vous parlez-vous avec compassion et encouragement ou avec critique et doute ? Diriez-vous la même chose à l'un de vos amis ?

Le conseil est donc simple : lorsque vous vous parlez, n'utilisez pas un ton et des mots que vous n'utiliseriez pas avec un ami très cher. Pensez-vous que vous diriez à votre meilleur ami, s'il vivait la même situation que vous : « T'es qu'un gros nul ! Tu vas être ridicule et tout le monde va se moquer de toi ! » ???

Alors quand votre discours, votre petite musique intérieure se met en route, pensez à Lorie, la chanteuse-philosophe. Et fredonnez en pensant à moi :

> *(...) Je resterai ta meilleure amie*
> *Je serai là, toujours pour toi*
> *N'importe où quand tu voudras*
> *Je serai, même si la vie*
> *Nous sépare*
> *Celle qui te redonnera l'espoir*
> *On ne laissera rien au hasard*
> *Car tu sais que je resterai*
> *Ta meilleure amie*

Et oui, c'est énorme ! J'ai réussi à citer Platon et Lorie dans le même chapitre !

Plus sérieusement, c'est sans doute l'un des plus importants du livre. Chaque fois qu'un événement de prise de parole se profilera à l'horizon (entretien, oral, intervention), la peur viendra vous rendre visite dans les semaines et jours qui précèdent. Ne la laissez pas s'installer : relisez ces six conseils.

J'AURAIS VOULU SAVOIR QUE LE MOT ECHEC N'EXISTE PAS, QU'IL N'Y A QUE DES RESULTATS QUI SONT AUTANT D'ENSEIGNEMENTS ET DE MARCHES VERS LE SUCCES.

Vous avez à présent trouvé la motivation pour vous lancer, vous avez pris vos résolutions et fixé vos objectifs, vous avez appris à remplacer vos appréhensions par des pensées plus constructives et vous avez fait vos premières expériences. Et là, évidemment, les débuts sont difficiles et les premiers résultats ne sont pas ceux que vous attendiez. Vous notez bien que **je parle de résultats, pas d'échecs, et cela fait toute la différence.**

Ne vous désolez pas de ces résultats parce que :

Vous devez déjà vous féliciter d'avoir suivi vos intentions. Rappelez-vous : pour être fier de vous, vous devez faire des choses qui vous rendent fiers. En osant vous lancer et affronter des situations que vous évitiez jusqu'à présent, vous avez fait preuve de courage. Comme le dit Tony Robbins :

Peu importe le nombre d'erreurs que vous faites ou que vous progressiez lentement, vous êtes déjà loin devant celui qui n'essaie pas.

Ces expériences vont vous aider à progresser. Vous êtes au début de votre apprentissage et vous êtes donc pour l'instant un débutant. L'apprenti skieur va se prendre des gamelles, l'apprenti jongleur va faire tomber ses massues, l'apprenti golfeur va frapper à côté de sa balle... Jusqu'au jour où, à force d'entraînement et de persévérance, ils vont réaliser leurs gestes automatiquement, sans y penser et sans appréhension... Comme vous le ferez dans quelque temps dans vos situations de parole. L'important c'est de tirer des enseignements de chacune de ses expériences. Qu'est-ce qui s'est bien passé, qu'est-ce qui s'est moins bien déroulé ? Pourquoi ? Comment étiez-vous préparé ? Vous aurait-il été utile d'annoncer votre bégaiement ? Dorénavant, lorsqu'une situation ne s'est pas passée comme je l'attendais, j'essaie d'avoir cette analyse plutôt que de me flageller. Comme disait Churchill, qui lui aussi bégayait :

Le succès c'est être capable d'aller d'échec en échec sans perdre son enthousiasme.

De même que vous allez tirer fierté d'oser plutôt que d'éviter, vous allez aussi apprendre sur vous-même en vous découvrant des ressources que vous ne soupçonniez

pas. Ce qui fait la force d'un homme ou d'une femme, ce ne sont pas ses chutes mais sa capacité à se relever.

Avant d'être mondialement connue et de posséder l'une des premières richesses du royaume, **JK Rowling, l'auteur à succès d'Harry Potter**, a connu des moments de galère, seule et sans emploi avec un enfant en bas âge. Dans un discours prononcé devant les étudiants d'Harvard, voici ce qu'elle expliquait sur l'échec[17] :

> *Dans la vie, l'échec est inévitable. C'est impossible de vivre sans échouer dans quelque chose, à moins que vous viviez si prudemment que vous n'auriez aussi bien pu ne pas vivre. Dans ce cas, vous échouez par défaut. (...) L'échec m'a appris des choses sur moi-même que je n'aurais pu apprendre autrement. J'ai découvert que j'avais une forte volonté et plus de discipline que je ne le soupçonnais. J'ai aussi découvert que j'avais des amis plus précieux que des diamants.*

Cela finira par payer. Recherchez des résultats à long terme plutôt que des petites victoires rapides. Ce qui paraît impossible à faire sur le court terme est réalisable sur le long terme si vous persistez. Tous vos apprentissages se sont faits ainsi. Est-ce qu'on empêcherait d'apprendre un

---

[17] http://news.harvard.edu/gazette/story/2008/06/text-of-j-k-rowling-speech/

enfant à marcher ou à faire du vélo parce qu'il est tombé plusieurs fois ? Non bien sûr, il faudrait être fou ! Vous avez décidé de briser l'énorme rocher qui se dresse sur votre route. Au début, vous avez l'impression que vos coups sont sans effet. Vous recommencez deux fois, dix fois, vingt fois : le rocher ne montre pas la moindre faille. Ces coups ont-ils été inutiles ? Devez-vous arrêter ? Non ! Parce qu'au cinquantième, ou peut-être même au vingt et unième coup, le rocher va voler en éclats ! Est-ce ce dernier coup qui l'aura pulvérisé ? Bien **sûr que non : c'est la somme de tous les coups précédents qui semblaient pourtant inefficaces.** Tous les efforts que vous produisez finiront par porter leurs fruits.

J'AURAIS VOULU SAVOIR QU'IL N'Y A PAS D'OBSTACLES MAIS DES OPPORTUNITES D'APPRENDRE ET DE SE SURPRENDRE.

L'importance d'un état d'esprit positif est bien résumée par une citation de Churchill :

> Le pessimiste voit dans toute opportunité une difficulté. L'optimiste voit dans toute difficulté une opportunité.

Toutefois, je dois être franc avec vous et vous prévenir. Votre parcours ne sera pas une progression linéaire, un escalier que vous gravirez régulièrement. Il arrivera que vous dégringoliez quelques marches pour vous retrouver sur le palier précédent.

Il faut vraiment vous préparer à ces phases de « retour arrière » parce qu'elles sont très courantes et déconcertantes. Changer sa manière de penser et de se comporter nécessite une longue et parfois lente reprogrammation. Et ce qui est difficile dans la thérapie du bégaiement, c'est que les mauvaises habitudes peuvent très vite revenir, alors même qu'on pensait s'en être définitivement débarrassé. Ce que je vais décrire maintenant arrive fréquemment et il est important de vous y préparer. Vous avez appris à affronter la Sorcière « Peur », préparez-vous à croiser sur votre chemin sa copine ricanante : la « Rechute ».

Voici ce qui risque d'arriver. Après plusieurs tentatives infructueuses, vous avez enfin trouvé une méthode ou thérapie qui vous convient. Vos séances chez l'orthophoniste ou votre stage se sont terminés avec succès et votre parole s'est libérée. Vous tenez des conversations, effectuez des démarches auprès d'étrangers. Vos parents et vos proches n'en reviennent pas. Vous êtes transformé et ressentez un sentiment nouveau de puissance et d'invincibilité. Pour la première fois, vous prenez du plaisir à communiquer. La parole vous semble facile, évidente et vous pensez que le déclic tant attendu s'est enfin produit. Vous pensez que votre bégaiement est vaincu et que vous avez enfin trouvé et parfaitement assimilé le moyen de vous exprimer. Cela dure quelques jours, parfois quelques semaines... Et puis, quelques accrochages réapparaissent, quelques ratés dans le moteur qui tourne un peu moins rond, une fêlure légère mais suffisante pour que le doute recommence à s'insinuer. Vous perdez confiance dans la méthode apprise, vous l'appliquez un peu moins et peu à peu vos anciens réflexes resurgissent. Quelques évitements de mots ou de prise de parole, quelques bouffées de stress et... Patatras ! C'est la rechute. Après une histoire que vous n'avez pas pu raconter, une démarche ou un coup de téléphone, vous avez le sentiment qu'une vague brutale vous a violemment ramené à votre point de départ. Vous le vivez extrêmement mal et la désillusion est cruelle, à la hauteur de l'euphorie qui vous avait gagné les jours précédents. La fluidité s'en est allée, où a-t-elle bien pu se cacher ?

Pas de panique : c'est normal !

Dans le traitement du bégaiement, rien n'est plus commun que de croire que la fluidité acquise durant des séances thérapeutiques ou un stage intensif durera sans continuer à travailler. Le problème de la rechute est un problème crucial dans le traitement du bégaiement. Comme certains thérapeutes le soulignent, avec un brin de provocation : « ce n'est pas très compliqué de rendre un bègue fluide, le problème c'est de maintenir cette fluidité. »

Apprendre une technique ou se fixer un objectif (par exemple, arrêter de cacher mon bégaiement et de recourir à des subterfuges pour éviter de bégayer) demandent peu de temps ; il est beaucoup plus long de changer ses comportements et pensées.

Le bégaiement est ancré en vous depuis de longues années. Il ne partira pas en quelques semaines ou même quelques mois. Il faut donc vous préparer à la rechute, si vous voulez l'affronter avec sérénité. Faites-en une expérience positive : pourquoi me suis-je planté, qu'ai-je fait ou pas fait, quelles étaient mes pensées, comment ai-je réagi, ai-je utilisé les techniques que j'ai apprises, si non pourquoi ?

Il y a quelques années j'ai voulu apprendre à jongler avec trois balles. Cela m'a pris des semaines, beaucoup d'énervement et des centaines (des milliers ?) de tentatives. J'aurais pu abandonner, ranger mes balles et aujourd'hui je ne saurais toujours pas jongler. Pas très important, me direz-vous. Certes... Mais persévérer dans cet apprentissage futile m'a donné confiance en moi. Au début, donc, je n'y arrivais vraiment pas. Les balles partaient dans tous les sens. A un moment, je pensais même que je n'étais pas apte physiquement pour accomplir cet exercice, que je n'y arriverais jamais (ça ne vous rappelle rien ?). Et puis un jour, j'ai réussi à jongler cinq secondes sans que les balles tombent, puis un peu plus longtemps... Au fur et à mesure, les balles tombaient de moins en moins souvent, jusqu'au jour où j'ai commencé à enchaîner les gestes sans y penser.

Aujourd'hui, grâce à ce petit talent, je renforce ma position de Dieu Vivant auprès de mes enfants en attrapant de temps en temps trois oranges et en jonglant négligemment devant leurs yeux émerveillés.

Alors, si vous avez trouvé une méthode ou pris des résolutions, ne vous découragez pas, persévérez, dites-vous que les rechutes sont entièrement normales et ne remettent pas en cause votre aptitude à réussir. Elles ne sont pas reliées à vous, à votre personnalité ou à votre qualité en tant qu'être humain. Elles sont l'accompagnement logique de tout apprentissage.

Le problème, c'est que nous avons tendance à nous focaliser sur ce qui ne s'est pas bien passé, en oubliant nos victoires précédentes. Charles Van Riper l'avait bien compris et rappelait aux orthophonistes que les patients qui bégaient « minimisent leur succès » et « maximisent leurs échecs ». Et cette caractéristique n'est pas propre aux personnes qui bégaient. Dans une interview, le comédien Pierre Arditti expliquait : « un compliment me fait plaisir trois minutes et je rumine une mauvaise critique durant trois jours. »

Il est donc important de vous appuyer sur vos succès passés, toutes les choses que vous avez déjà apprises ou réussies dans votre vie, même les plus futiles.

Comme évoqué au chapitre précédent, tenir un journal vous sera utile pour relativiser vos échecs afin qu'ils ne vous fassent pas oublier vos réussites. Ainsi, Lazarus et

Fay, auteurs du livre « *Je peux si je veux* »[18] pensent que les patients doivent écrire leurs succès parce que cela renforce les expériences réussies. Ils prédisent même catégoriquement : **« pas de carnet de notes, pas de changement »**. Chaque patient est encouragé à tenir un journal pour écrire ses succès attendus ou inattendus. Plusieurs adolescents ont rapporté que lire leurs écrits à voix haute régulièrement, en particulier lorsqu'ils étaient en plein doute, ou avec des pensées négatives, s'était avéré énormément utile.

Il est donc important de noter vos expériences réussies pour ne pas les oublier, ne pas laisser les expériences négatives les ensevelir. Vous les relirez lorsque le doute s'installera afin de vous rappeler que :

- vous n'êtes pas un gros nul,

- vous avez des expériences réussies de prise de parole.

Et surtout, vous savez maintenant que la fluidité est possible, que ce n'est pas une chimère. Elle est accessible et vous l'avez rencontrée. En notant vos succès, pensez bien à écrire dans quel état d'esprit vous vous trouviez, ce qui

---

[18] « I can if I want to » - Arnold Lazarus , Allen Fay – FMC Books

s'était passé les jours précédents, afin de retrouver et conserver les ingrédients de la recette vers le succès.

A ce sujet, je vais partager avec vous un autre enseignement important :

J'AURAIS VOULU SAVOIR QUE LE BEGAIEMENT N'EST PAS UN ECHEC ET LA FLUIDITE N'EST PAS UN SUCCES.

Cette prise de conscience est essentielle pour avancer ! Il faut arrêter d'analyser la réussite d'une situation de parole en fonction de notre niveau de fluidité ou de bégaiement.

La fluidité parfaite est une chimère. Observez et écoutez les autres : vous verrez que tout le monde a des accrocs de parole, des répétitions, des hésitations, des mots ou sons parasites (alors, euh, en fait…)… Souvent, ils ne se remarquent pas car celui qui parle ne cherche pas à les combattre mais aussi parce que la communication passe par plein d'autres composantes : l'enthousiasme, le sourire, la gestuelle, l'écoute… Gardez donc à l'esprit que vous vous exercez pour prendre la parole lorsque vous le souhaitez et prendre du plaisir à communiquer, pas pour avoir une parole parfaite.

Le succès, la récompense, c'est de réussir à dire ce que vous voulez, quand vous voulez, à qui vous voulez. Et le nombre de « bégayages » n'est pas important. La majorité des personnes se déclarent « guéries » parce qu'elles se sont débarrassées de la peur du bégaiement, qu'elles cessent d'éviter les situations de parole et qu'elles ont une communication orale tout à fait satisfaisante dans la majorité des situations. Elles disent avoir encore quelques accrochages dans certains cas mais la grosse différence est qu'elles ne les vivent plus comme la fin du monde. Elles ont retrouvé l'estime d'elles-mêmes et ont confiance dans leur parole. Ecoutez ce que vous dit Charlie sur le blog :

> *L'objectif pour une personne qui bégaie est d'être capable de dire les mots sans aucune pensée de bégaiement. Je me considère comme 100% fluide malgré le fait que je bute occasionnellement. Je dis cela parce que je n'ai plus peur de parler en public. Je peux faire face à toutes les situations qui me terrorisaient auparavant. Je n'ai plus recours à la substitution de mot. Je sais que je peux parler de manière fluide. Quand je parle, les mots viennent facilement et je ne pense plus au bégaiement. Dans les rares occasions où il réapparaît, j'utilise les techniques qui me permettent de glisser dessus et de le mettre de côté. Ma vie est tellement plus riche maintenant que j'ai confiance dans ma parole.*

De même, Anna[19] ne raisonne plus en termes de bégaiement ou non. Elle explique :

> Je sens que le bégaiement a perdu toute sa signification pour moi. C'est un sentiment très étrange comme lorsque vous rencontrez une ancienne romance d'école et ne ressentez plus ce qui vous avait pourtant tant fait vibrer. Même lorsque je me vois en train de bloquer sur une vidéo, je ne ressens rien. Quand je parle, je ne leur accorde plus d'attention comme je le ferais si je trébuchais en marchant.

Alors, arrêtez de raisonner en terme de fluidité ou de bégaiement et suivez cet excellent et sage conseil de John Harrison :

> Les seules choses que vous avez à vous demander sont : (1) Est-ce que j'ai suivi mes intentions et (2) est-ce que je me suis amusé ?
>
> Si vous réussissez l'une des deux, vous avez gagné. Si vous réussissez les deux, comme ils disent au baseball, vous avez tapé le coup parfait.

---

[19] Cf sur www.goodbye-begaiement.fr le témoignage *d'Anna « faire de mon monstre un ami, la clef de mon rétablissement »*. A lire absolument !

J'AURAIS VOULU SAVOIR QUE « NOUS SOMMES CE QUE NOUS FAISONS REGULIEREMENT. L'EXCELLENCE N'EST PAS UNE ACTION MAIS UNE HABITUDE. »

(ARISTOTE)

C'était « l'info vérité » du chapitre précédent : changer peut prendre du temps car, depuis des années, le bégaiement dirige vos pensées et vos actions.

Combien de temps me demanderez-vous ? Réponse : le temps que vous voulez que cela prenne ! Si vous vous entraînez à téléphoner trois fois par jour, vos progrès seront quatre-vingt-dix fois plus rapides que si vous ne le faites qu'une fois par mois !

Il existe quand même une réponse plus précise et plus scientifique à votre question. Philippa Lally et ses collègues de l'University College London ont suivi 96 personnes[20] qui avaient décidé de prendre une bonne résolution telle que de

---

[20] How habits are formed : Modelling habit formation in the real world – Phillippa Lally - *European Journal of Social Psychology* 16 July 2009

manger un fruit au déjeuner ou de faire un footing de quinze minutes chaque jour. Les résultats obtenus confirment ce que nous savons tous. D'une part, plus vous répéterez régulièrement un comportement, plus celui-ci aura tendance à s'automatiser et, d'autre part, cela ne se fera pas en 3 jours... Mais ce qui est intéressant, c'est que cette étude a permis de déterminer le temps moyen nécessaire pour former une habitude. Et ce temps moyen est de (roulements de tambour......... suspense......)...... 66 jours ! Bien sûr, c'est une moyenne et tout dépend de votre motivation et de la complexité du comportement que vous souhaitez acquérir. Toutefois, si vous avez décidé de ne plus éviter les mots qui vous font peur ou de garder le contact visuel lorsque vous bégayez, vous savez maintenant qu'il vous faudra le faire pendant au moins deux mois avant de vous décourager et de dire que cela ne fonctionne pas !

Alors, exercez-vous chaque jour ! Pour rester sur l'exemple du téléphone : répondez à des petites annonces, prenez des rendez-vous, annulez-les, appelez des numéros verts pour avoir une information... Chez vous, essayez d'être la personne qui décroche. L'objectif est de réduire votre anxiété, de mettre en pratique les conseils précédents et de tirer vous aussi des enseignements de ces appels. Ce sont la pratique et la répétition qui vous font progresser, il n'y a pas de voie plus efficace. Il y a quelques années, je préférais me déplacer dans les couloirs et les étages plutôt que d'appeler un collègue. A la maison, je demandais à mon épouse de passer certains appels pour moi. Aujourd'hui, je décroche le téléphone sans y penser, juste parce que c'est devenu une habitude, un acte courant qui ne me fait plus peur, aussi banal et intégré que de monter sur un vélo et d'actionner les pédales. Si j'avais continué à éviter, si je n'avais pas pratiqué chaque jour, je n'en serais pas là aujourd'hui.

Cette volonté d'affronter régulièrement ce que nous craignons fonctionne aussi très bien pour les mots ou les sons que nous redoutons. **La stratégie du « pilonnage » est la plus simple et sans doute la plus efficace.** L'objectif est de vous confronter au son redouté, encore et encore, jusqu'à ce qu'il perde toute connotation négative A force de l'affronter, de lui dire « même pas peur ! », vous allez aplanir la bosse qui se dressait sur votre route, jusqu'à passer dessus sans ressentir la moindre secousse ou appréhension.

La technique du « bégaiement volontaire » permet de se désensibiliser de la peur de bégayer. « Un truc de malade », me direz-vous... A première vue, il peut paraître en effet idiot de s'exercer à bégayer alors qu'on recherche exactement l'inverse. Pourtant, certains citent cette technique comme une de celles qui les a le plus aidés dans le processus de guérison. Ainsi, l'une des patientes de Lon

L. Emerick[21] l'a expérimentée avec succès, grâce à la stratégie du pilonnage.

> *Plus vous bégayerez volontairement, moins vous vous retiendrez ; et moins vous vous retiendrez, moins vous bégayerez. Nous avons travaillé avec une jeune étudiante qui a pratiquement cessé de bégayer en une semaine grâce à cet exercice. Comme nous étions très pris par les examens de doctorat, nous lui avons donné un compteur manuel en lui disant : « 100 000 personnes vivent à Lansing ; vois à combien tu peux parler tout en montrant ton bégaiement. » Lorsque je l'ai revue sept jours plus tard, elle était complètement exténuée mais arborait un large sourire et ne bégayait pas. Nous ayant pris au mot, elle avait travaillé sans interruption. Aussi incroyable que cela puisse paraître, elle s'était confrontée à 947 interlocuteurs ! Et elle était maintenant incapable de bégayer <u>involontairement</u>.*

Personnellement, je redoutais particulièrement de devoir me présenter, par peur de bloquer sur mon nom et d'entendre un ironique : « vous avez oublié comment vous vous appelez ? ». J'ai donc répété inlassablement devant ma glace, en marchant, en conduisant : « Bonjour, Laurent Lagarde ». Le seul souci, c'est que je parle dans mon

---

[21] Thérapeute américain ayant lui-même bégayé. Il est l'un des auteurs de « Conseils pour ceux qui bégaient ».

sommeil... Et mon épouse a été réveillée plus d'une fois en pleine nuit par un impeccable mais un peu trop sonore « Bonjour, Laurent Lagarde » !

Cet entraînement intensif m'avait été inspiré par un échange que j'avais eu quelques mois auparavant sur un forum. Après des mois de fluence, un jeune homme avait raconté comment il avait soudainement commencé à craindre les mots commençant par un certain son.

> *« Alors qu'as-tu fait ? lui avais-je demandé.*
> *- Je l'ai tué. Simplement tué. J'ai passé la journée entière dans la rue à demander tout ce qui me passait par la tête et commençait par ce son. J'ai dû le faire plus de cent cinquante fois. A la fin de la journée, la peur avait disparu. »*

Bien sûr, cela ne fonctionnera peut-être pas pour tout le monde mais une chose est sûre : personne ne pourra dire que ça ne marche pas avant de l'avoir testé plus de cent cinquante fois... et 66 jours.

J'AURAIS VOULU SAVOIR QUE DES PERSONNES QUI BEGAIENT PEUVENT DEVENIR D'EXCELLENTS ORATEURS.

Votre bouche peut cracher du venin ou réparer une âme brisée. Les mots sont le vrai pouvoir, les mots peuvent être votre pouvoir. Vous pouvez changer une vie, inspirer une nation, faire de ce monde un endroit merveilleux.

Qui pourrait croire que ces mots ont été prononcés par une personne qui bégaie ? Et que celle-ci est devenue championne du monde des orateurs ? C'est pourtant une réalité. Mohammed Qahtani, un jeune homme saoudien, a remporté le concours d'éloquence Toastmasters[22] en 2015, après six mois de compétition où se sont affrontés 30 000

---

[22] L'aventure des clubs Toastmasters a pris forme en 1905 grâce à l'initiative de Ralph C. Smedley, alors directeur d'un centre YMCA (Young Men's Christian Association) en Illinois. Constatant que les jeunes hommes fréquentant le centre éprouvaient de grandes difficultés à parler en public et à animer des rencontres, Ralph C. Smedley a eu l'idée de créer ces clubs d'apprentissage de l'art oratoire. Il existe aujourd'hui près de 16 000 clubs Toastmasters dans 142 pays. Plus d'information sur https://www.toastmasters.org/

participants venus de 100 pays. Sa présentation finale s'appelait « le pouvoir des mots »

Mohammed a grandi dans les moqueries que suscitait son bégaiement sévère. A la remise des prix, il a incité l'auditoire à affronter ses peurs. « A l'école, j'étais la risée de tous. Regardez-moi maintenant. Si cela m'est arrivé à moi, imaginez ce qui pourrait vous arriver à vous. »[23]

Vous pensez peut-être que cette belle histoire est exceptionnelle et qu'elle ne vous concerne pas... Vous avez tort. Nombreuses sont les personnes qui bégaient à être passées de la panique de la prise de parole au plaisir de recueillir les applaudissements d'un public.

J'ai déjà parlé dans les chapitres précédents de John Moore, le présentateur bégayant et d'Alan Badmington. Tous deux ont surmonté un bégaiement sévère pour devenir aujourd'hui des orateurs recherchés, invités sur tous les continents. Pour eux, parler en public est désormais une source intense de plaisir et ils sont applaudis partout où ils passent.

Brian a eu la chance d'assister à une présentation d'Alan au congrès des orthophonistes américains et il en est revenu enthousiasmé :

Il a été formidable. Il y a eu une standing ovation spontanée à la fin de son discours. Il a délivré à ces thérapeutes de la parole et du langage un message phénoménal sur son parcours personnel et le rôle que les groupes d'entraide ont joué dans son voyage vers la fluence. En tant qu'orthophoniste et personne qui bégaie, son message m'a fortement marqué : étendre notre zone de confort en nous défiant nous-mêmes et dépasser nos croyances limitantes. Cette présentation sera pour toujours gravée dans mon esprit. Alan, tu es vraiment un cadeau pour toutes les personnes qui bégaient.

John et Alan ne sont pas des cas isolés. Comme Mohammed, Anna a décidé de s'inscrire à un club Toastmaster pour s'exercer à la prise de parole en public. Elle a commencé à participer à des compétitions... et à en gagner ! Ainsi, elle a remporté le « District Humorous Speech contest », où elle rencontrait les champions des autres clubs de la région. La prestation se faisait en public et devant 5 juges, avec en plus la pression du temps. « Ma plus grande récompense, dit-elle, a été la réaction du public. C'étaient une expérience et une récompense incroyables.»

---

[23] https://mediacenter.toastmasters.org/2015-08-17-Saudi-Arabian-engineer-wins-Toastmasters-2015-World-Championship-of-Public-Speaking

Geneviève, vice-présidente de l'Association des Bègues du Canada a aussi tenté l'expérience Toastmasters.

> *À cette occasion, j'ai livré quatre discours. Chaque fois, le stress diminuait. J'ai constaté rapidement que la confiance acquise lors de ces soirées se transposait facilement dans d'autres situations de la vie courante. Je me suis surprise, notamment, au cours d'une formation pour le travail, à ne pas sentir mon cœur battre fort au moment du traditionnel tour de table. J'ai été charmée par l'assurance que j'avais gagnée.*[24]

Durant longtemps, Anne-Fleur a vécu dans la peur et la souffrance du bégaiement :

> *Quand j'étais à l'école, j'ai tout entendu : on me traitait de « disque rayé », on riait ouvertement devant moi, ou encore on m'imitait en faisant des sons grotesques (c'était le plus dur). J'avais l'impression de passer ma vie à faire attention à tout ce que je disais : c'était comme avoir une bombe à la place de la bouche.*

Un jour, elle en a eu assez « d'être relayée au rang de bègue et de devoir tourner sept fois sa langue dans sa bouche

---

[24] https://monjolibegaiement.wordpress.com/2017/03/06/les-toastmasters-ou-lart-de-la-desensibilisation/

avant de devoir parler. » Elle a pris son courage à deux mains et s'est inscrite dans la délégation **Model United Nations (MUN) de son université.** Les MUNs sont des simulations des Nations Unies, pendant lesquelles des étudiants se glissent dans la peau de diplomates et débattent de sujets de politique internationale, en suivant les règles de débat de l'ONU.

Après un long mais enrichissant parcours où elle a appris à surmonter ses peurs, Anne-Fleur est devenue championne de débat puis coach pour des compétitions mondiales de diplomatie.

> *J'ai retenu de cette expérience qu'**il n'y a pas de petit défi** et que surtout, même si on ne le soupçonne pas soi-même, les ressources pour y arriver, on les a toutes !* [25]

Anne-fleur a raison : ce n'est pas un petit défi ! La peur de prendre la parole en public est en effet la phobie la plus répandue chez les humains : 75% des gens redouteraient de s'exprimer devant une assemblée. On lui a même donné un nom : la glossophobie.

---

[25] http://www.madmoizelle.com/begue-concours-eloquence-762139

Durant longtemps, j'ai donc été glossophobe. Je vivais dans la panique de devoir parler en public. Cette perspective déclenchait en moi des sensations physiques oppressantes. Voici ce que j'écrivais dans mon journal en 2004 :

> *Je crois que je vais me planter, que je vais buter sur un mot ou plusieurs, que mes interlocuteurs vont être perturbés, qu'ils vont s'agacer, me juger... Je passe alors automatiquement et instantanément en mode «bégaiement».*
>
> *Une vague part du sternum, me comprime la poitrine et me bloque la trachée. Je commence une plongée en apnée. Ma tête est comme privée d'oxygène et je me retrouve enfermé dans une cage d'angoisse. Je suis dans une pièce minuscule où règne une insécurité totale. Je suis étourdi, j'ai l'impression de respirer à moitié, que mes poumons ne s'ouvrent pas suffisamment. J'ai légèrement mal à la tête, une sensation inconfortable de chaleur dans le haut du corps, l'impression que mes poumons ne s'ouvrent qu'à moitié.*
>
> *Ensuite vient le blocage : un clapet se referme en haut de ma trachée et l'air ne circule plus : il ne sort pas mais n'entre pas non plus. Dans les pires moments, je ressens une sorte de vide très étrange, comme une absence temporaire de perception de l'environnement où plus rien d'autre ne compterait que de sortir ce mot ou cette phrase...*

En lisant ces phrases, une image forte me revient : la scène d'ouverture du « Discours d'un Roi » où Colin Firth, qui interprète le futur roi George VI, doit prendre la parole devant un stade entier. Cet immense acteur a réussi à transmettre la détresse vécue par les personnes qui bégaient dans ce genre de situation.

Et puis un jour, comme Anne-Fleur, j'ai décidé que cela ne pouvait plus durer. Je devais faire une présentation devant une petite assemblée et le président de ma banque. J'en étais tellement malade que j'ai dit à mon épouse que j'allais demander à mon supérieur de me remplacer. Il valait mieux accepter que je n'étais pas fait pour cela et laisser la place à un autre… Mais j'ai pris conscience que je me sentirais bien plus mal si je me dérobais. Cela achèverait de saper ma confiance dans ma capacité à prendre la parole et, la prochaine fois que j'aurais à le faire, le stress serait sûrement pire. Je me suis alors dit que je devais dédramatiser la chose, que la plupart des gens présents savaient que j'avais parfois des difficultés d'élocution, qu'il fallait plutôt que je l'accepte, quitte à faire un peu d'humour ou une pause si cela se passait vraiment mal.

J'ai donc décidé d'affronter la situation et de tout faire pour que cela se passe bien. Cela a été le départ d'une grande aventure, pas toujours facile, mais qui m'a fait énormément progresser. Travailler ma prise de parole en public m'a fait faire un bond de géant dans mon voyage au pays du bégaiement.

Aujourd'hui, je fais régulièrement des présentations dans mon travail et je suis également invité à faire des conférences sur le bégaiement devant des assemblées et dans des lieux – amphithéâtres, salles de congrès - qui m'auraient autrefois fait fuir. Voici comment je prépare et mène ces interventions. Vous verrez que c'est une mise en pratique de tout ce que nous avons appris dans les chapitres précédents.

Mes 10 Conseils pour faire une présentation en public quand on bégaie

1. Préparez !

La préparation est essentielle. C'est le socle de ma confiance. Inutile d'ajouter au stress de l'intervention celui de l'impréparation. Plus vous préparez, moins vous êtes nerveux. C'est aussi une forme de respect pour votre auditoire. D'ailleurs, c'est à eux que vous devez penser en premier lors de cette préparation. Demandez-vous « Que puis-je leur apporter ? » Réfléchissez en quoi votre discours peut leur être bénéfique.

Ce changement de point de vue - passer du « moi » à « eux » - est essentiel. Obsédés par notre bégaiement, nous sommes souvent trop égocentriques, ce qui alimente notre peur. Vont-ils M'aimer ? MON discours va-t-il les intéresser ? Vont-ils rire de MOI ? Vais-je perdre le fil de MES pensées ? Vont-ils ME trouver bon ? Cessez de penser à vous, de ruminer ces pensées qui vous paralysent ! Essayez-plutôt de vous concentrer sur votre auditoire et posez-vous cette question : comment puis-je aider ceux qui m'écoutent ? Comment puis-je être utile ? Vous verrez alors que toute idée de performance disparaît, ainsi que la pression qui l'accompagne. N'essayez pas d'impressionner votre auditoire, recherchez plutôt le partage, l'information, la transmission. Lorsque je monte sur scène, je ne viens pas pour faire une performance, pour montrer combien je suis aimable. Je viens parce que je pense que cela peut aider les gens qui m'écoutent. L'enjeu est d'aider pas de briller.

Récemment, j'ai été invité à intervenir devant 180 orthophonistes. Je me suis donc demandé : comment puis-je apporter une réponse à une question qu'ils se posent ? J'ai ainsi rapidement trouvé le sujet à aborder, celui qui revient régulièrement et constitue un mystère pour les thérapeutes. « Pourquoi le bégaiement de mon patient disparaît souvent après quelques séances mais revient dès qu'il sort de mon cabinet ? Comment réussir ce transfert de fluidité dans la « vraie » vie ? »

Cette conférence s'est très bien passée, non pas parce que j'ai réalisé une performance d'orateur mais parce que j'ai éveillé leur curiosité et montré que je m'intéressais à eux, que je n'étais pas venu pour dérouler une présentation cent fois répétée. A partir de là, ils étaient prêt à m'écouter, avec ou sans bégaiement. Si vous abordez cette expérience avec la volonté d'aider et d'éclairer, plutôt que de vous vendre ou de vous faire aimer, votre auditoire le sentira et vous accueillera avec bienveillance.

Une fois cette réflexion menée, je rédige mon intervention, c'est-à-dire la réponse à la question en divisant mon discours en parties : introduction, point 1, point 2, point 3, conclusion. Je rédige ensuite des fiches avec les idées clefs. Ce sont des aides mémoire qui m'aideront à réviser mais aussi à me rassurer durant la présentation. L'objectif est de ne pas avoir à me soucier de ce que je vais dire, de ne pas craindre les trous de mémoire et de pouvoir m'appuyer sur elles si j'étais vraiment trop stressé. Ces fiches sont ma corde, que je peux lâcher si je me sens à l'aise. Je ne jette dessus que quelques mots-clés, pas des phrases entières. Rien de plus ennuyeux qu'un texte lu ou récité ! A moins d'avoir beaucoup de talent. Je fais juste une exception : je mémorise les premières phrases de mon introduction parce que les 30 premières secondes sont celles où la tension est la plus grande. Une introduction mémorisée vous aidera à rester serein. Je me souviens de ma première intervention dans un amphithéâtre, dans le cadre de mon travail. Lorsque le moment fatidique est venu, je suis monté vers le pupitre comme je serais monté au bûcher. Au moment de sortir le premier mot, une grosse bouffée de stress m'a submergé et les premières phrases ont été difficiles. Les mots ne coulaient pas, j'avais le sentiment de les arracher un à un de ma gorge. J'ai pu cependant m'accrocher à mon texte, même si j'avais l'impression d'être laborieux. Etonnamment, un collègue présent dans la salle m'a dit qu'il ne l'avait pas du tout vécu ainsi. Je lui ai plutôt donné l'impression d'être très concentré sur mon sujet et cela a capté son attention.

Je suis convaincu que ce travail de préparation, si souvent négligé, constitue notre force. Tant de personnes montent sur scène sans être réellement préparées, sans s'adapter à leur auditoire. Il en résulte des présentations trop longues, décousues, confuses ou absconses. Ce ne sera pas votre cas et votre public vous en sera gré.

2. Soyez concis : moins c'est mieux !

Lorsque j'ai commencé à faire des présentations, j'ai fait en sorte que cela dure le moins de temps possible. Je voulais limiter la durée de cette épreuve. Je me suis donc attaché à être concis, à ne pas délayer, à aller à l'essentiel. Au fil du temps, j'ai découvert que cet objectif, imposé au départ par mon bégaiement, était une force et un élément de différenciation.

Lorsqu'on présente un sujet, surtout si cela nous passionne, on a tendance à vouloir dire tout ce que l'on sait, à placer toutes ces anecdotes si drôles qu'on a recueilli. C'est une erreur. Vous risquez de noyer votre auditoire sous un déluge d'information et de l'ennuyer par vos longs développements. Etre concis vous aide à avoir les idées claires et donc un message clair, à choisir les informations les plus pertinentes, celles qui doivent être retenues.

N'essayez pas de placer toutes les choses formidables que vous avez à dire, toute la science que vous avez sur le sujet. Choisissez les deux ou trois messages que vous voulez transmettre. Moins c'est mieux.

Etre concis est un atout. Il y a tellement de gens qui délayent et se perdent dans les détails que cela est apprécié quand quelqu'un va droit au but... Et respecte son temps de parole ! Surtout si dix orateurs se sont succédé sur scène.

3. Entraînez-vous

Une fois le texte rédigé et les fiches préparées, je répète ma présentation à voix haute. Je le fais des dizaines de fois, plusieurs jours de suite et cela me permet de faire des corrections, des coupes et de fluidifier les transitions. J'arrive ainsi le jour J en connaissant mon texte et mes enchaînements presque par cœur, ce qui me donne un capital confiance.

J'ai découvert aussi récemment une manière originale de faire ces répétitions. L'écrivain japonais Haruki Murakami, auteur de la trilogie « 1Q84 », est un passionné de course à pied. Il est également invité à donner des conférences un peu partout dans le monde. Dans son livre « Autoportrait de l'auteur en coureur de fond », il explique qu'il répète ses présentations en courant. Intrigué, j'ai essayé cette méthode originale et je confirme que c'est très efficace. De nouvelles idées viennent au fil des foulées, j'apprends à gérer ma respiration durant cet effort, à ne pas parler trop vite et à faire des pauses. Cela a même un effet bénéfique sur mes sorties car, mon esprit ainsi occupé et détourné des sensations physiques, le temps passe beaucoup plus vite et je cours plus longtemps ! Les gens que je croise ont juste un léger doute sur ma santé mentale mais je m'en accommode.

Je vous conseille aussi vivement de répéter devant un proche. Cela vous mettra en situation de communication et vous aurez un retour sur votre prestation. Vous gravirez ainsi une nouvelle marche de l'escalier qui vous mènera sur scène. Cette étape peut se faire avec votre thérapeute. Geneviève explique qu'elle avait rendez-vous avec son orthophoniste juste avant une présentation devant sa classe de littérature :

> J'ai profité de l'occasion pour pratiquer la présentation avec elle. Ça tombait bien car nous venions de terminer l'approche des techniques et on doit maintenant pratiquer dans la "réalité". On a donc pratiqué la présentation en appliquant ces techniques. Ça m'a fait un bien fou. On a même pratiqué dans la salle d'attente car je voulais sortir du confort de son bureau. Elle fut très heureuse de me voir prendre cette initiative. Ce fut très efficace aussi, plus représentatif du sentiment que j'allais avoir en classe.

Betty travaille dans une banque. Elle devait intervenir à une assemblée générale, devant des clients et sous l'œil de sa direction. Elle aussi a vu les bienfaits de ces répétitions :

> Je me suis exercée nuit et jour à dire mon texte, dans ma voiture, avec l'orthophoniste, avec mon mari et mon

fils, au coucher. Je savais ce que j'allais dire et comment le dire.

Betty a parfaitement résumé les bienfaits de la préparation et de la répétition : grâce à elles, vous savez ce que vous allez dire et comment. 90% du chemin d'une présentation réussie est parcouru. Il ne vous reste maintenant qu'à travailler sur votre état d'esprit le jour J.

4. Préparez-vous au bégaiement

L'état d'esprit dans lequel vous allez aborder cette expérience est primordial. Grâce aux étapes précédentes, la peur liée au « qu'est-ce que je vais leur dire ?» est effacée. Il ne reste alors « que » la peur de bégayer.

Pour m'en débarrasser, il a fallu aussi que je change de point de vue, que je passe par l'étape de l'acceptation évoquée au début de ce livre : la compréhension que le bégaiement n'était pas une faute, ni ma faute. J'ai accepté que le bégaiement peut survenir, qu'il fait partie de moi et que je n'en suis pas responsable. Ma différence c'est que je bégaie et j'accepte cet état de fait, sans fierté ni honte. Je suis une personne qui bégaie, je peux avoir des moments de bégaiement durant ma présentation et je ne le vivrai pas comme une catastrophe. J'ai remplacé le « Mon Dieu ! Il ne faut surtout pas que je bégaie ! » par « Je vais peut-être bégayer : que faire si cela se produit ? ». Là aussi, vous devez oublier la recherche de performance et de perfection. S'interdire de bégayer, c'est le meilleur moyen de se mettre une pression énorme.

Ce conseil est l'occasion de faire une petite révision : quelle est la meilleure solution pour chasser cette peur de bégayer, cette peur d'être démasqué ? Vous vous souvenez ? Revenez quelques pages en arrière... Oui ! Annoncez votre bégaiement ! Sortez le chat du sac ! John Moore n'hésite pas à le faire :

> *Nous dépensons tellement d'énergie mentale et physique pour ne pas bégayer que cela augmente notre anxiété quand nous parlons. Et cela génère du bégaiement. J'ai découvert qu'il était très utile de mentionner mon bégaiement au début de mes présentations. Non seulement cela désarme le public mais ça me donne aussi, moi le bègue, la liberté de bégayer sans honte.*

Ainsi Silvano, qui était le dernier d'une longue série d'intervenants lors d'une conférence, est entré illico dans le vif du sujet :

> *J'ai commencé mon discours ainsi : j'ai une bonne et une mauvaise nouvelle. La bonne, c'est que je suis le*

dernier intervenant, la mauvaise c'est que je suis bègue ... Alors qui sait combien de temps cela va prendre !

C'est même un avantage que nous avons sur les personnes qui ne bégaient pas. Nous avons une excuse pour être tendus !

Travaillez aussi la réponse à la question « que faire si cela se produit ? », en sachant que, grâce à l'annonce, votre public ne sera pas surpris. Vous pouvez avoir recours à un peu d'humour, à une technique de fluence pour sortir du blocage, à une pause... A vous de trouver ce qui vous aide le mieux. Là aussi, le fait d'être préparé à cette éventualité, vous permettra d'aborder l'expérience en toute confiance. Et celle-ci grandira au fil de vos présentations.

Mais surtout ne vous inquiétez pas de vos moments de bégaiement : une communication efficace n'est pas une question de fluence. Russ Hicks, une personne qui bégaie, a remporté de nombreuses compétitions Toastmasters. Voici ce qu'il a constaté :

Je bégaie tout le temps ! Mais les juges s'en fichent. Ils considèrent que je communique mieux que les autres concurrents. Je me suis souvent demandé s'il y avait un niveau minimal de fluence nécessaire pour parler en public. Ma réaction initiale est de répondre oui, il y a quand même un minimum. Mais lorsque j'essaie de le déterminer, il y a toujours un bègue sévère qui arrive et me prouve le contraire.

5. Travaillez votre posture

Comme toute forme de communication, une présentation ou un exposé ne repose pas uniquement sur l'oral. Votre message passera aussi par votre attitude et votre gestuelle. Il est important de le garder en tête, d'autant plus que la manière dont nous nous tenons a une influence directe sur nos pensées. Pour le comprendre, il vous suffit de faire ce petit exercice indiqué par Keith Boss, une personne qui bégaie :

> *Tenez-vous droit, les épaules en arrière, menton levé, avec un large sourire. Quelles sont vos pensées ?*
> *Maintenant affaissez-vous, rentrez les épaules, baissez la tête, renfrognez-vous, à la limite de pleurer. Quelle est la nature de vos pensées, maintenant ?*

L'importance de la posture est soulignée par les orateurs qui bégaient. John Moore en témoigne :

> *J'ai connu le succès en me focalisant davantage sur ma présence et mon assurance sur scène que sur les mots que j'utilise. Quand je garde le contact visuel avec mon auditoire, que j'adopte une bonne posture, que j'ai une*

bonne gestuelle, j'éprouve une plus grande fluence sur scène.

Anne-Fleur insiste également sur ce point lorsqu'elle coache d'autres étudiants :

> *J'ai appris, surtout aux filles, à prendre leur place physiquement et verbalement dans le débat. À bien se planter sur leurs jambes, à utiliser leur corps pour prendre cette place, à habiter ce volume qu'on nous apprend à réduire, nous, femmes, depuis notre enfance. Fini d'être petite, mignonne et discrète !*

Ainsi, lorsque je vais prendre la parole, je prends un peu de temps avant de démarrer. Je redresse les épaules, je souris et regarde l'auditoire. En adoptant cette attitude, je prends possession de l'espace, je me pose et j'installe un climat calme et rassurant, propice à la détente et à l'écoute. C'est aussi une manière de chasser les pensées négatives et de me prémunir contre la précipitation.

6. Souriez !

Je me souviens d'une de mes premières interventions professionnelles réussies. Je devais présenter les résultats d'une action commerciale à des collègues venus de toutes les régions de France. Quelques minutes avant mon intervention, j'étais sur l'estrade en attendant que l'orateur précédent termine. Je balayais la salle du regard et j'ai croisé celui d'un homme installé au premier rang. Son visage était fermé, il était visiblement très ennuyé d'être là et ses yeux noirs me fixaient. J'ai commencé à me dire « Ouh la ! Ce gars n'a pas l'air commode, il va me juger et ne sera pas vraiment bienveillant... » Savez-vous ce que j'ai fait pour chasser cette mauvaise intuition ? Je lui ai souri ! Et le résultat a été immédiat : il m'a souri à son tour ! J'ai alors adressé un sourire à toutes les personnes dont je croisais le regard et toutes me l'ont rendu. Avant de commencer, j'avais plein d'amis dans la salle !

Souriez ! Souriez quand vous approchez du pupitre, souriez avant de commencer, souriez quand vous délivrez votre message et souriez lorsque vous concluez. Souriez quand vous quittez la scène. Souriez.

Des psychologues de l'Université du Kansas aux Etats-Unis[26] ont démontré qu'un sourire, même forcé, pouvait réduire le stress. Le rythme cardiaque des personnes souriantes ayant participé à l'expérience était en effet moins élevé que celles ne souriant pas.

---

[26] https://www.psychologicalscience.org/news/releases/smiling-facilitates-stress-recovery.html#.WWOqSPnyiCg

Et encore une fois, pensez aussi à votre auditoire. C'est bien plus agréable d'écouter une personne qui sourit !

Si un blocage survient, continuez à sourire pour montrer que ce n'est pas grave, que c'est juste une petite interruption. Certains prétendent même qu'il est impossible de sourire et de bégayer en même temps. Je vous laisse essayer… D'ailleurs, je suis sûr que vous êtes en train d'essayer. ☺

7. Faites-les rire !

L'humour et même un peu d'autodérision sont des alliés précieux et efficaces.

J'y ai eu recours ce jour-là. Une fois monté sur scène, j'étais toujours un peu tendu, malgré tous les nouveaux amis souriants que je venais de me faire dans la salle. A la deuxième diapositive de ma présentation, j'ai donc testé mon premier trait d'humour pour lâcher un peu la pression. J'étais l'avant-dernier orateur de la journée et tout le monde était un peu fatigué. J'ai donc annoncé : « cette diapo est très intéressante… D'ailleurs c'est la plus intéressante de ma présentation ; celles d'après ne sont pas terribles. Je vous conseille donc de bien la regarder. Ensuite, vous pourrez vous rendormir ! » Tout le monde a ri et la relation de connivence était établie. Je me suis alors complètement lâché et j'ai vraiment pris du plaisir. Je n'avais plus aucune appréhension et je parlais de manière beaucoup plus décontractée et naturelle ; j'ai même eu droit à des applaudissements.

Mohammed Qahtani, notre champion du monde, commence sa présentation en faisant mine d'allumer une cigarette. Devant la réaction du public, il se lance dans une défense de l'industrie du tabac avant de révéler que tous les chiffres et études qu'il vient de citer sont entièrement inventés, provoquant le rire de l'assistance. «Lorsque vous faites rire votre auditoire, vous le mettez de votre côté. N'oubliez pas qu'un auditoire attend qu'on le distraie. » Un membre de son club Toastmasters lui a dit un jour : « La force de certains réside dans leurs mots, d'autres s'appuient sur leur voix ou leur présence. Toi, ta force c'est l'humour. Utilise-la. » Et c'est justement ce qui lui a permis de l'emporter sur des concurrents qui ne bégayaient pas.

8. Ralentissez !

Le stress se manifeste par une accélération du rythme cardiaque et souvent du débit verbal.

Il est donc primordial que vous vous concentriez sur le ralentissement de votre parole. Beaucoup de thérapies du bégaiement sont d'ailleurs basées sur ce principe. Avoir appris vos premières phrases par cœur vous sera d'une grande aide. Vous éliminez le stress lié à l'improvisation et vous vous appuyez sur des mots connus, sur lesquels vous avancez en confiance. Il est important de les avoir répétés à un rythme lent. Vous démarrerez ainsi à la bonne allure, celle qui vous mènera à bon port sans fatigue.

J'ai déjà écouté des orateurs brillants, passionnés par leur sujet qui, au bout de quelques minutes, avaient submergé leur auditoire sous un torrent de phrases récitées à toute allure sans la moindre interruption. Ne sombrez pas dans cette précipitation.

Il existe un petit secret pour y parvenir, sans adopter toutefois le phrasé apathique d'une tortue (si une tortue pouvait parler, bien entendu) : l'art de la pause.

Cet art subtil, utilisé notamment par le président Obama (regardez des vidéos de ses interventions, vous comprendrez), est votre meilleure technique :

Les pauses vous permettent de respirer, de reprendre votre souffle, d'éviter l'emballement et le dérèglement de votre appareil phonatoire. Comme en témoigne **Alan Badmington** :

> *Les pauses créent un sentiment de tranquillité, de calme et de flegme. C'est un contraste saisissant avec la confusion, l'énervement et l'agitation auxquels j'étais devenu habitué.*

Elles vous permettent de rester en contact avec votre interlocuteur, de vous assurer qu'il suit bien vos propos. Vous allégez la charge d'information transmise et vous lui laissez ainsi le temps d'assimiler vos paroles.

Cela crée une tension positive, des moments suspendus qui favorisent l'écoute. Anne-Fleur l'enseigne à ses étudiants :

> *Je leur ai expliqué comment ménager des silences et des pauses dans leurs discours pour attiser la curiosité du public (car oui, dans un discours, la parole est d'argent mais le silence attire l'attention et sertit la parole d'un cadre d'or).*

Pour ménager ces pauses, il vous faut apprendre à parler par séquences. Pour cela, découpez vos phrases en unités de sens. C'est beaucoup plus facile et reposant de se fixer pour objectif la prononciation de cinq mots, plutôt que de vingt. Cela permet aussi de mieux s'attarder sur l'articulation mais aussi sur le sens des mots. Si je l'applique à une prise de parole en public, cela va changer beaucoup de choses. Avant, je montais au pupitre en me disant : « Mon Dieu ! Je vais devoir parler durant un quart d'heure ou une demi-heure. » et le bout du calvaire me paraissait horriblement éloigné. Maintenant, je peux me dire : « je vais faire mon intervention en faisant attention de me faire comprendre. Mon discours est une succession de petites étapes que je vais enchaîner calmement et qui vont m'amener à bon port». Avoir préparé vos fiches et travaillé la concision de votre discours vous aidera : vos idées sont claires, vous savez que vous n'avez pas dix mille informations à communiquer, que vous avez le temps de faire ces pauses et de laisser votre auditoire assimiler les points importants que vous avez retenus. Vous vous apercevrez rapidement que ces phrases courtes et claires sont percutantes et donnent du poids à vos messages.

Ne prenez pas votre discours comme une tâche à mener, une course dont le seul but est de rallier l'arrivée. Le plaisir est dans la promenade, savourez ce temps passé avec votre public. Laissez-leur le temps de comprendre et de réfléchir à ce que vous dites.

9. Pratiquez !

Parler devant un public vous semble peut-être un objectif impossible à atteindre. Je vous rassure : toutes les personnes que j'ai citées le pensaient également. Elles y sont pourtant parvenues et prennent désormais un plaisir immense à le faire. C'est simplement un apprentissage, une acquisition de compétences et d'expérience. Comme le dit Russ Hicks :

> *Parler en public est un art qui s'apprend. Tout le monde peut l'apprendre, que l'on bégaie ou non.*

Il faut juste vous lancer (souvenez-vous : il ne faut pas attendre d'être bon pour se lancer mais se lancer pour être bon) et pratiquer.

Or, nous avons la chance, en tant que personnes qui bégaient, d'avoir des associations pour nous accueillir. Je remercie l'Association Parole Bégaiement de m'avoir invité à livrer mes premiers témoignages devant un public. Cette expérience m'a été précieuse et m'a permis de débuter dans un environnement « sécurisé » pour ensuite passer à d'autres défis. La fameuse désensibilisation progressive que j'ai déjà évoquée est la démarche à suivre pour affronter cette glossophobie. Il vous suffit de poser le pied sur la première marche de l'escalier.

Alors, et ce sera mon dixième conseil : **lancez-vous** !

J'AURAIS VOULU SAVOIR QU'ON PEUT FAIRE LE METIER DE SES REVES, ETRE COMEDIEN, AVOCAT... OU ORTHOPHONISTE LORSQU'ON BEGAIE.

Le chapitre précédent démontre une chose : nous sommes capables de réaliser des choses qui nous semblent impossibles.

C'est important de le savoir et de le garder en tête, notamment pour les projets qui vous tiennent à cœur. Ne vous laissez pas limiter par le bégaiement !

J'ai souvent des questions sur le choix de son orientation professionnelle. Je pense sincèrement qu'il ne faut pas, à cause du bégaiement, renoncer à un métier qui nous attire. Pour ma part, j'avais au départ choisi des fonctions où il ne fallait pas trop communiquer mais mon attirance naturelle a finalement pris le dessus pour m'orienter vers le marketing puis le management, des métiers où il faut fréquemment prendre la parole.

Mon cas est loin d'être isolé : malgré ou avec son bégaiement, Amy[27] a réussi à devenir comédienne, chanteuse et même vendeuse pour plusieurs marques de mode. Son expérience lui a appris que la fluence n'est pas nécessaire pour avoir une communication efficace dans son travail :

> *J'ai régulièrement été désignée meilleure vendeuse de la semaine. Enfant, je n'aurais jamais pensé que cela était possible avec un bégaiement !*

J'ai rencontré Sonia en 2010. Elle faisait partie d'un groupe de parole pour adolescents qui bégaient, animé par une orthophoniste à Montpellier. A l'époque elle avait déjà beaucoup progressé et m'avait confié vouloir entreprendre des études d'orthophonie.

Nous nous étions ensuite perdus de vue... Jusqu'à ce que je reçoive trois ans plus tard un mail où elle m'annonçait :

> *Je suis en 2ème année d'orthophonie et je me régale ! J'ai vraiment trouvé ma voie ! Je suis passionnée par les cours et je prends plaisir dans mes études.*

Depuis, elle a obtenu brillamment son diplôme et réalisé son rêve, tout simplement parce qu'elle s'était toujours dit :

---

[27] https://www.stammering.org/speaking-out/articles/job-talk

« Ne laisse pas ton bégaiement t'empêcher de faire le métier que tu aimes ! »

De même, Qui aurait pensé qu'un enfant qui ne pouvait pas parler soit maintenant à la tête d'un parti politique, où son travail est justement de parler toute la journée ? Cette question est posée par Patrick Brown, un homme politique canadien, qui fait lui aussi la démonstration que tout est possible et qu'il ne faut pas renoncer à ses rêves, que l'on bégaie ou non.

> *Il y a toujours des petites choses qui restent, certains mots sur lesquels je vais trébucher et cela me rappelle d'où je viens. Mais je ne me sens plus du tout mal à l'aise. Maintenant, j'adore vraiment parler en public et je pourrais le faire dix fois par jour... A l'époque, c'était une grande gêne mais, avec le recul, je pense que l'adversité forge le caractère et vous renforce, et je ne regrette pas d'avoir dû traverser cela. Plus vous devez faire des d'efforts, plus vous appréciez les choses.*[28]

En 2016, j'ai été invité par l'Association des Bègues du Canada à leur journée annuelle, à Montréal. J'y ai fait la connaissance de québécois formidables dont Daniel, un avocat qui bégaie. Il faisait partie des intervenants et a

---

[28] https://www.thestar.com/news/queenspark/2016/12/27/patrick-browns-stuttering-taught-perseverance-drive-gave-him-strength.html

présenté son parcours. Il a expliqué comment il a apprivoisé progressivement ses bêtes noires : le téléphone, le dictaphone, la visioconférence... jusqu'à la plaidoirie. Voici ce qu'il retient et veut transmettre aujourd'hui :

Le bégaiement est inévitable, il faut donc apprendre à vivre avec lui.

Il ne faut pas le combattre ou en avoir peur mais l'apprivoiser et apprivoiser les situations anxiogènes. C'est en forgeant qu'on devient forgeron.

Les gens sont plus intéressés par ce que je dis que par comment je le dis. Je m'applique donc à contrôler ce qui est contrôlable : le contenu (l'une des clefs de la réussite de Daniel a été sa très grande préparation de toutes ses prises de parole).

Nous avons des alliés partout, personne ne veut nous voir échouer.

Je suis tellement plus que mon bégaiement !

Qu'importe la carrière, il faut parler...

En fait, j'adore parler !

J'ai choisi de citer les témoignages d'Amy, Sonia, Patrick et Daniel pour vous montrer que tout est possible et surtout pour que vous compreniez une chose : avoir une élocution fluide n'est pas forcément une condition de réussite. C'est important de le préciser parce que je sais que certaines personnes qui bégaient ne sont pas inspirées mais découragées par les modèles qu'on leur présente. Elles en ont même assez de ces personnes - souvent des célébrités - qui ont « surmonté » leur bégaiement et témoignent avec une fluence impressionnante, sans la moindre poussière d'hésitation, d'accrochage ou de répétition. Elles ont du mal à s'identifier à elles, peuvent même douter de la réalité de leur "ancien" bégaiement et se disent que cette élocution parfaite est inaccessible.

Or, parmi les personnes que j'ai citées, seule Sonia a vraiment fait disparaître son bégaiement. Les autres ne sont pas des personnes qui ont surmonté leur bégaiement pour réussir mais des personnes qui ont réussi avec leur bégaiement.

Il faut donc que vous enleviez toute pression inutile en vous débarrassant de la croyance « je ne dois plus bégayer pour pouvoir faire ces études ou ce métier. » Cela est faux, y compris pour des métiers dits « de communication ».

C'est ce qu'Amy a retenu de son expérience de vendeuse, un métier où on peut penser que la parole est un élément essentiel :

> *Bien que j'aie connu des degrés élevés d'anxiété et de frustration à cause de mon bégaiement et les sentiments pénibles qui l'accompagnent, j'ai toujours été respectée et appréciée par mes responsables, notamment pour mes qualités de communication. Je suis vraiment fière de cela*

en tant que personne qui bégaie car la vente demande de hautes qualités relationnelles et une excellente communication. D'après mon expérience, la communication efficace et la compétence au travail ne dépendent pas de la fluidité de notre parole.

Je peux témoigner que ce constat n'est pas une vue de l'esprit. Un collègue m'avait invité à un cocktail organisé par son frère, directeur d'une agence de communication. Celui-ci avait réuni tous ses clients et il nous a accueillis chaleureusement. A ma grande surprise, j'ai découvert qu'il bégayait terriblement. Sincèrement, c'est l'un des bégaiements les plus sévères qu'il m'ait été donné d'entendre. J'étais assez estomaqué que cet homme ait pu créer son agence de communication et avoir une telle réussite. Pourtant, lorsqu'il a pris la parole pour délivrer un message de bienvenue, tout le monde l'a écouté avec un large sourire aux lèvres. Il bégayait énormément mais ce n'était un problème ni pour lui, ni pour son auditoire. Je ne peux même pas dire qu'il l'assumait : il n'en faisait purement et simplement aucun cas. Il était souriant, enthousiaste, drôle et il a été très applaudi. Il est ensuite passé de groupe en groupe et on sentait qu'il avait établi un rapport particulier avec ses clients. Il était décomplexé, avançait sans masque et cette décontraction souriante semblait contaminer tous les invités. Soudain, son bégaiement m'est apparu comme une force. C'était la première fois que j'avais cette sensation. Son bégaiement était une part de son énergie, sa carte de visite, ce qui le différenciait. Il avançait, tout bégaiement dehors, et les sourires naissaient autour de lui.

Ne faites donc pas de la maîtrise de votre bégaiement une condition préalable. Et ne vous imaginez pas non plus que les autres en feront un critère de rejet. Amy et Daniel n'ont pas cherché à dissimuler leur bégaiement et cela a été très bien accepté dans leur environnement professionnel.

Amy explique que durant un entretien pour un poste de vendeuse, elle a mentionné le fait qu'elle bégayait. Sa future patronne lui a répondu :

Que vous bégayiez ne fait pas de différence pour moi, vous m'avez fait une très bonne première impression. Vous avez les compétences et l'expérience qu'il faut pour le poste, de l'assurance et une excellente communication.

Même si elle a réussi à dompter son bégaiement, Sonia raconte qu'au début de sa première année d'études, il y a un dépistage des troubles de l'articulation et de la phonation. Elle a donc dû passer des tests devant une orthophoniste. Elle était évidemment très stressée mais elle a choisi d'être transparente et d'assumer son parcours.

Quand elle m'a demandé si j'étais déjà allée chez une orthophoniste, je n'ai pas voulu mentir et j'ai répondu :

« *Oui. J'ai eu une rééducation pour un bégaiement. Aujourd'hui, ça va très bien* ». *Elle a apprécié que je sois sincère et m'a dit* « *notre vécu fait bien souvent ce que l'on devient* ». *J'ai alors dû faire des exercices comme lire, compter, boire etc. J'ai eu un tout petit blocage mais sinon aucun bégaiement pendant le dépistage ! L'orthophoniste a écrit sur le compte-rendu que tout était ok pour moi ! J'étais tellement fière de moi !*

Daniel a aussi toujours totalement assumé son bégaiement. La revue du Barreau de Montréal a dressé son portrait et c'est très intéressant de voir l'image qu'il renvoie :

Il aborde le sujet de son bégaiement avec une franchise et une simplicité désarmantes. Il en parle ouvertement et désamorce les situations potentiellement embarrassantes et anxiogènes en faisant état d'emblée de sa réalité. Il rassure ainsi ses interlocuteurs en leur confirmant que son bégaiement n'est pas causé par un manque de sérieux ou de préparation de sa part et en répondant aux questions ou préoccupations qu'ils pourraient avoir. Sa façon d'aborder de front le bégaiement et de ne jamais choisir la voie d'évitement en raison de la peur ont toujours servi Daniel positivement et lui ont permis de gagner le respect de ses pairs, tout en étant porteur d'espoir pour les bègues qui s'estiment limités par leur situation. Au fond, Daniel fait un pied de nez au bégaiement et avance droit devant, sans peur ni regret, en refusant de laisser le bégaiement prendre emprise sur lui.

Formidable, non ? Cette expérience confirme bien la règle d'or : « Si nous vivons bien notre bégaiement, les autres le vivront bien également ! »

Qui aurait pu croire qu'un jeune homme qui bégaie puisse devenir un jour vice-président des Etats-Unis ? C'est pourtant ce qu'a réalisé Joe Biden. Voici la leçon qu'il en retient et qu'il souhaite transmettre :

Votre bégaiement ne définit pas qui vous êtes. Cela n'a rien à voir avec vos capacités intellectuelles. En fait, cela n'a rien à voir avec tout ce qui compte vraiment... Quand vous persévérez dans un combat, vous découvrez une force que vous ignoriez avoir et dont, je vous le garantis, vous aurez besoin un jour.

En effet, en suivant une voie qui vous plaît, vous devrez affronter des situations de prise de parole que vous redoutez, vous apprendrez à les maîtriser et cela aura un effet positif sur vos aptitudes à communiquer. Suivre votre vocation vous donnera la force et l'enthousiasme nécessaires pour bâtir un plan d'action, travailler et persévérer. Plutôt que de vous poser la question : « Quel impact négatif aura le bégaiement sur le métier que je choisirai », demandez-vous plutôt : « Quel impact positif aura le métier que je choisirai sur mon bégaiement » ? Si vous choisissez un métier où il faut prendre la parole, cela vous amènera forcément à progresser dans ce domaine. Téléphoner et faire des réunions téléphoniques, soutenir des dossiers, faire des présentations devant des assemblées : voilà des choses que je pensais ne jamais pouvoir faire lorsque j'avais vingt ans... Et que je ne saurais sans doute pas faire aujourd'hui si je n'avais pas choisi de faire un métier qui me plaît.

Vous devez aussi prendre en compte un autre paramètre. Nous pensons souvent au risque de faire mais avez-vous pensé au risque de ne pas faire ? Souvenez-vous du cercle vicieux de l'évitement. Renoncer au métier qui vous attire, c'est aussi prendre un risque, celui de la frustration et de l'autodépréciation.

Pam est une bloggeuse américaine[29] qui fait un travail formidable pour mieux faire connaître le bégaiement du grand public. Elle explique avoir renoncé à suivre sa vocation à cause du bégaiement :

> Je pense qu'une grande partie de mon potentiel n'a pas été exploité. J'ai laissé le bégaiement prendre les décisions pour moi. J'ai toujours voulu être enseignante mais j'ai laissé le bégaiement, ou plus précisément, ma

---

[29] https://stutterrockstar.com/

peur du bégaiement, m'écarter de cet objectif. J'ai choisi un métier où il y aurait moins besoin de parler (ce qui bien sûr s'est révélé complètement faux !) Je me demande... Est-ce que vous vous retrouvez là-dedans ? Avez-vous jamais éprouvé une faible estime de vous-même qui n'était en fait que du potentiel non exploité ? Et avez-vous laissé le bégaiement prendre des décisions que vous changeriez totalement si on vous donnait une seconde chance ?

La bonne nouvelle, c'est que cette seconde chance existe. Pam n'est pas devenue enseignante mais elle intervient régulièrement dans des écoles pour expliquer aux enfants ce qu'est le bégaiement et comment y réagir. Elle a reçu le Jefferson Awards pour son engagement et sa mission de service public. Lionel, dont j'ai fait la connaissance via le blog, a repris ses études à quarante ans pour devenir orthophoniste et a réussi brillamment tous ses examens. Alan Badmington a commencé sa carrière d'orateur à l'âge où d'autres retraités partent planter leurs choux (mais qui sait ? Peut-être plante-t-il aussi des choux, ce n'est pas incompatible).

Vous trouverez sur le site www.stammeringlaw.org.uk une page[30] qui recense de multiples témoignages de personnes

---

[30] http://www.stammeringlaw.org.uk/employment/jobs.htm

qui bégaient devenues acteurs, pilotes de ligne, enseignants, présentateurs TV, médecins, téléconseillers, moniteurs d'auto-école, avocats, policiers, politiciens ou encore prêtres ![31]

Il n'y pas de limite de métier, pas de limite d'âge pour réaliser ses rêves.

Vos seules limites sont celles que vous vous fixerez.

---

[31] Au sujet des prêtres, pasteurs ou rabbins qui bégaient, lire l'article « Dieu m'a donné la voix » sur www.goodbye-begaiement.fr

J'AURAIS VOULU SAVOIR QUE JE N'ETAIS PAS SEUL...

ET J'AURAIS VOULU SAVOIR QUE PARTIR EN VOYAGE AU PAYS DU BEGAIEMENT, C'EST OUVRIR LA PORTE SUR UN MONDE DE DECOUVERTES ET DE RENCONTRES EXCEPTIONNELLES.

Maintenant que vous avez décidé d'agir pour sortir des griffes du bégaiement, vous allez avoir besoin de soutien. L'aventure est palpitante mais parfois chaotique et **il est plus facile et agréable de voyager avec des compagnons de route.**

Jusqu'à présent, vous avez sans doute eu l'impression d'être très seul(e). Pour ma part, j'ai dû attendre vingt ans pour échanger avec une personne qui comprenne ce que je ressentais. Lorsque vous bégayez, vous avez le sentiment d'être différent, que personne ne peut comprendre votre souffrance et vous avez donc tendance à vous replier sur vous-même. Vous entrez alors dans l'isolement, la rumination, la frustration... Jusqu'à sombrer dans une bonne grosse dépression.

La solution est bien sûr de briser ce repli sur soi, d'aller à la rencontre des autres, d'échanger et de s'informer pour trouver des solutions. Malheureusement, il n'est pas toujours facile de se confier à ses proches, qui ont du mal à comprendre comment votre « petit problème » peut à ce point gâcher votre vie

Jusqu'à présent, vous hésitiez à sortir de votre chambre et à aller vers les autres. Mais ça c'était avant... Ouvrez les volets, saluez le soleil, inspirez à pleins poumons et préparez-vous à faire de belles rencontres. **Contactez une association, poussez la porte d'un groupe de self-help, connectez-vous sur les réseaux sociaux.... Vous passerez de bons moments et nouerez des amitiés.**

Les autres « bègues » ne se résument pas à leur bégaiement, tout comme vous. Ce n'est qu'une de leurs caractéristiques et ce sont aussi des personnes à découvrir avec toute leur diversité, leurs talents et leurs richesses. Vous les connaîtrez par le bégaiement mais vous sympathiserez avec eux pour bien d'autres raisons.

Vous disposez de plusieurs moyens pour vous entourer de personnes compréhensives et basculer de l'isolement à un environnement positif et motivant.

Vous pouvez par exemple pousser la porte d'une association. Pour les francophones, en voici deux que vous pouvez contacter :

- **L'Association Parole Bégaiement**[32], qui réunit personnes qui bégaient et thérapeutes pour échanger expériences et observations. Des délégués sont à votre disposition dans chaque région de France, ainsi qu'en Suisse et en Belgique. Vous y trouverez de la documentation, de l'écoute et les coordonnées d'orthophonistes spécialisés en bégaiement.

- **L'Association des Bègues du Canada**[33] a été fondée en 1985 à Montréal par un groupe de personnes qui bégaient et qui désiraient échanger à propos de leurs expériences et des thérapies possibles. Dans cette optique, l'Association organise notamment des rencontres d'entraide bimensuelles, une journée-rencontre annuelle et reste à l'affût des dernières avancées scientifiques et culturelles à propos du bégaiement.

Il existe aussi des groupes d'entraide (« self-help ») pour se retrouver régulièrement et échanger de manière

---

[32] www.begaiement.org et www.begayer.be

[33] http://www.abcbegaiement.com/

conviviale avec d'autres personnes qui bégaient. L'ordre du jour change constamment : présentations, partages d'expériences, débats, jeux de rôle, sketchs... C'est l'auberge espagnole du bégaiement : vous y trouverez un peu de tout, à commencer par ce que vous y amènerez. Pour en savoir plus, vous trouverez sur le blog un article sur ce sujet.

Les orthophonistes proposent aussi aux enfants et adolescents des séances de groupe. Des liens forts s'y créent et de beaux projets prennent naissance. A Montpellier, un groupe d'adolescents est allé présenter la météo à la télévision régionale. A paris, d'autres sont partis à la rencontre des passants pour mener une enquête sur le bégaiement.

Si ces contacts vous semblent prématurés ou que vous n'avez pas trop le tempérament « associatif », vous pouvez déjà faire des rencontres par Internet.

Depuis quelques années, les réseaux sociaux jouent un rôle important dans la rupture de l'isolement des personnes qui bégaient. Les blogs et associations citées plus haut sont présents sur Facebook, à commencer bien sûr par Goodbye Bégaiement[34].

Sur Facebook, je vous invite aussi à pousser la porte virtuelle du « *Cercle Très Privé des Personnes qui Bégaient* »[35]. Vous y ferez des découvertes hallucinantes :

- **Vous n'êtes PAS SEUL** : d'autres personnes ressentent exactement la même chose que vous et ont connu des situations identiques.

- **Il existe des SOLUTIONS**. Beaucoup de membres ou presque ont suivi une thérapie, quelle qu'elle soit. Certaines peuvent vous attirer et vous allez alors bénéficier de l'expérience de ceux qui vous ont précédé. A vous de faire votre « marché » et de choisir ce qui vous convient.

- Et surtout, **vous pouvez vous EXPRIMER**, c'est-à-dire faire ce à quoi vous avez peut-être renoncé dans la « vraie » vie !

Ce forum francophone créé par Burt Albrecht et moi-même rassemble à ce jour plus de 1 600 membres. Vous y

---

[34] https://www.facebook.com/GoodbyeBegaiement

[35] https://www.facebook.com/groups/1444972825724073/

croiserez des personnes qui bégaient bien sûr, mais aussi des parents et quelques orthophonistes passionnés par la thérapie du bégaiement.

Grâce à ce brassage de connaissances et d'expériences, vous trouverez de l'information pour mieux comprendre votre bégaiement, des idées pour l'apprivoiser et surtout le support nécessaire pour rebondir et persévérer quand vous avez un coup de moins bien. Vous connaîtrez aussi le plaisir d'apporter un peu d'aide à votre tour et le sentiment de contribuer de manière active à la « lutte » contre le bégaiement. Je vous invite vraiment à y faire un tour : tous les âges et plusieurs nationalités y sont représentés et vous ferez le plein de chaleur et d'énergie !

Des membres du Cercle ont d'ailleurs choisi d'aller plus loin et de se rencontrer « en vrai », dans la « vraie vie », autour d'un « vrai verre ».

David Shapiro est un spécialiste renommé du bégaiement qui présente la particularité d'être lui-même une personne qui bégaie. Il souligne cette puissance du groupe.

Il n'y a rien que nous ne puissions accomplir ensemble. Vivre avec le bégaiement et apprendre à le contrôler peut être un vrai défi, vous le savez. J'aurais voulu que les adultes me disent qu'on apprend à contrôler son bégaiement ensemble.

Parfois, les adultes se sentaient désolés pour moi. Parfois, ils parlaient pour moi. Quelques thérapeutes ont même renoncé à m'aider car ils pensaient que je ne pourrais pas contrôler mon bégaiement. Ils avaient tort. Parfois les adultes peuvent avoir tort. J'ai appris que même la charge la plus lourde (et le bégaiement peut en être une) semble plus légère lorsqu'elle est partagée. La charge est mieux répartie lorsqu'on travaille avec des thérapeutes, des parents ou tuteurs qui comprennent le bégaiement et qui veulent travailler ensemble.

A l'Ouest des Etats-Unis, il y a d'énormes et très hauts arbres appelés séquoias. Parce que ces arbres sont immenses, les gens pensent que leurs racines sont très profondes. En réalité, elles ne le sont pas. Ces arbres se dressent haut et fort parce qu'ils poussent les uns à côté des autres et que leurs racines s'entrelacent et grandissent ensemble. Séparément, ces arbres tomberaient ; ensemble ils sont forts. C'est la même chose pour les gens qui affrontent de grands défis tels que le bégaiement : **ensemble, nous sommes plus forts. Nous pouvons accomplir n'importe quoi ensemble.**

Oui David, ensemble, nous sommes plus forts et de toutes les victoires, celle remportée sur l'isolement est sans doute la plus belle.

J'AURAIS VOULU SAVOIR QUE J'ECRIRAIS CES LIGNES UN JOUR...

Walt Manning, une personne qui bégaie devenue orthophoniste a écrit un jour :

> *Loin de moi de vouloir donner l'impression que ce cheminement a été facile, dénué de peurs et sans revers. Mais, tout bien considéré, cela fut une grande aventure. Plutôt que de le considérer comme mon démon, j'en suis venu à voir mon bégaiement comme un actif, quelque chose qui m'a amené dans des endroits excitants, qui m'a offert des opportunités de progresser et qui m'a permis de croiser des êtres merveilleux que je n'aurais autrement jamais rencontrés. Depuis des années, j'ai entendu d'autres personnes qui bégaient faire les mêmes commentaires, et je sais quelles le pensaient vraiment.*

Je confirme : je vis une magnifique aventure ! En postant mon premier article, le 18 mai 2009, je ne pensais pas que cela changerait à ce point ma vie. Que cela m'amènerait à écrire plus de cent soixante articles, à traduire et éditer deux livres américains, à être invité à parler de mon expérience du bégaiement devant un public, à participer à des émissions de radio, à répondre aux questions d'un journaliste avec une caméra sous le nez, à être invité en France, Suisse, Belgique et même au Canada, à faire des centaines de rencontres et à tisser des liens parfois émotionnellement forts avec d'autres personnes touchées par le bégaiement un peu partout dans le monde...

Après m'avoir beaucoup pris, le bégaiement m'a beaucoup donné. Au final, j'ai transformé cette différence en une expérience positive qui a eu des répercussions sur ma vie familiale, sociale et professionnelle. Le résultat c'est une manière complètement différente d'appréhender la vie, la certitude que tout est possible, que toute aventure commence par un premier pas, que chaque porte poussée ouvre un nouvel horizon et que nos seules limites sont celles que nous nous fixons.

Et c'est ce que j'aurais voulu que sache le petit garçon que j'étais, celui qui avait peur de demander de l'Ajax...

Je vous souhaite à votre tour de belles rencontres et découvertes. Que les jours et les années qui viennent soient guidés par la curiosité d'essayer, l'audace de se lancer, la force de persévérer et la joie de se laisser aller !

En route pour l'aventure !

Lausanne, Journée Mondiale du Bégaiement 2014

Remerciements

Merci à Olivier, Alexandre, Daniel, François, Marie-Claude, Joseph, Margaret, John, Sarah, Lee, Morgane, Malcolm, John, Gary, Robert, Jack, Bérenger, Bill, Peter, Gerald, Tim, Harold, John, Patricia, Laure, Gilles, Jim, Lieven, Tom, Joe, Ryme, Fred, Nina, Silvano, David, Alan, Catherine, Hal, Mark, Clément, René, Charles, Lon, Walt, Anna, Pam, Amy, Patrick, Joe, Geneviève, Russ, Keith, Mohammed, Anne-Fleur, Betty et à tous ceux qui partagent leurs expériences de personnes qui bégaient ou de thérapeutes.

Vos témoignages sont essentiels. Puisse ce livre contribuer à diffuser vos précieuses paroles trop vite disparues dans les limbes des réseaux sociaux.

Merci à Betty, Burt, Christine, Geneviève et Richard pour leur relecture et leurs encouragements.

Merci pour la couverture à Charlotte Vieillevigne, qui bégaie mais est surtout graphiste. Vous pouvez découvrir ses autres créations sur http://charlotte.vieillevigne.com/.

Et merci à celle qui est allée au-delà de mon bégaiement, a deviné la première ce qui m'aiderait et a eu la patience et l'intelligence de me laisser le découvrir par moi-même.

Les autres publications disponibles sur www.goodbye-begaiement.fr

Qu'est-ce qui me fait bégayer ? Pourquoi des fois, je bégaie et d'autres non ? Pourquoi certaines personnes ne comprennent pas que je bégaie ? Comment réagir si on se moque de moi ? Comment expliquer aux autres ce que je ressens ? Qui peut m'aider ?

L'enfant qui bégaie et ses parents trouveront dans ce livre des réponses simples et rassurantes aux questions qu'ils se posent. Ils découvriront aussi les témoignages d'autres enfants et des lettres pour expliquer à l'entourage ce qu'est le bégaiement et surtout quelle attitude adopter. D'abord édité par la Stuttering Foundation of America ©, la principale association d'information sur le bégaiement aux Etats-Unis, ce livre est utilisé par de nombreux orthophonistes pour encourager les enfants à parler de leur bégaiement et leur permettre d'échanger avec leur famille. **Il permet d'aborder le bégaiement de manière positive et constitue une excellente base pour entamer ou accompagner une thérapie.**

Eelco de Geus est spécialisé dans le traitement du bégaiement. Il travaille aussi bien avec de jeunes enfants et leurs parents qu'avec des adultes et adolescents et anime des ateliers sur le sujet dans de nombreux pays.

Malcolm Fraser, fondateur de la Stuttering Foundation of America ©, et Charles Van Riper ont invité **des spécialistes reconnus de la parole** (orthophonistes, phoniatres, psychologues) à partager leur expérience et leurs techniques pour soigner le bégaiement.

Ce qui rend « Conseils pour ceux qui bégaient » remarquable, c'est que tous ont eux-mêmes bégayé. Chacun d'entre eux a connu la peur et le désespoir qui sont souvent le lot des personnes qui bégaient. Tour à tour, les 28 contributeurs expliquent ce qui les a aidés à surmonter leur propre bégaiement et livrent leurs conseils et convictions en s'appuyant sur leur expérience personnelle et toutes celles qu'ils ont vécues avec leurs patients.

Les personnes qui bégaient trouveront dans ce livre des solutions concrètes et des plans d'action ; les orthophonistes y découvriront les témoignages de spécialistes du bégaiement internationalement reconnus comme Charles Van Riper (à l'origine des techniques modernes de prise en charge de ce trouble), Joseph Sheehan (et sa théorie de l'iceberg du bégaiement) ou Hugo Gregory (créateur de la technique de l'ERASM). Ce livre, unique en son genre et publé à l'origine par la Stuttering Foundation ©, est depuis des années un best-seller aux Etats-Unis.

www.goodbye-begaiement.fr

www.ingramcontent.com/pod-product-compliance
Lightning Source LLC
Chambersburg PA
CBHW051757040426
42446CB00007B/406